# LE PREMIER TEXTE

### DE

# LA ROCHEFOUCAULD

NIHIL IN OBSCURO

## PARIS

*Cabinet du Bibliophile*

M DCCC LXIX

# LE CABINET

DU

# BIBLIOPHILE

PIÈCES RARES OU INÉDITES

ÉDITIONS ORIGINALES

---

## EXTRAIT DU PROSPECTUS

Le Cabinet du Bibliophile se compose de pièces rares ou inédites, intéressantes pour l'étude de l'histoire, de la littérature et des mœurs du XVe au XVIIIe siècle. Il comprend aussi les éditions originales de ceux de nos grands écrivains dont le premier texte présente des différences notables avec le texte définitif. — Le double intérêt de rareté et de curiosité que présentent ces publications leur assigne une place dans le cabinet du bibliophile, dont elles forment la bibliothèque intime.

Le nombre de ces publications est illimité. Elles paraissent les unes après les autres, sans ordre, et à mesure qu'il s'en rencontre qui semblent dignes d'être reproduites. — Chacune d'elles, indépendante de toutes les autres, peut être achetée séparément. Le seul lien qui existe entre elles est dans la pensée de former pour les bibliophiles une collection qui réponde à leurs goûts et à leurs besoins.

Cette entreprise s'adresse à des collaborateurs autant qu'à des acheteurs. Aussi prions-nous les amateurs qui découvriraient quelques pièces rares ou intéressantes, et qui aimeraient mieux les rattacher à notre collection que de les publier séparément, de vouloir bien nous en faire part. Nous serons heureux de les joindre aux nôtres, si elles rentrent dans le cadre que nous nous sommes tracé.

LES volumes sont imprimés sur très-beau papier vergé de Rives, et recouverts en parchemin factice replié sur doubles gardes. Ils sont tirés le plus souvent à 3oo exemplaires. Chaque publication porte, du reste, le chiffre exact et le détail du tirage, et tous les exemplaires sont numérotés.

(*Exemplaires de choix.*) Il est tiré également quelques exemplaires sur papier de Chine et sur papier Whatman. Ces exemplaires étant toujours les premiers vendus, les personnes qui voudront se les assurer devront nous les demander à l'avance.

(*Exemplaires sur vélin et sur parchemin.*) Les amateurs qui désireraient des exemplaires sur vélin ou sur parchemin sont priés de nous en prévenir. Ils trouvent toujours, sur un catalogue joint au dernier volume paru, l'indication des ouvrages en préparation, et peuvent ainsi nous envoyer leur demandes avant que l'impression soit commencée.

(*Souscripteurs.*) Il est donné avis de la publication de chaque volume à toute personne qui en manifeste le désir. Les amateurs qui souscrivent à toute la collection reçoivent les volumes dès qu'ils paraissent. Ils jouissent d'une remise de 10 p. 100 sur le prix de vente, à partir du jour où ils ont souscrit. *Cette remise ne s'applique qu'aux exemplaires sur papier vergé.*

(*Prix.*) Le prix des volumes varie de 5 à 10 fr. pour les papiers vergés, et de 10 à 20 fr. pour les papiers Whatman et les papiers de Chine.

# EN VENTE.

*Le Premier Texte de La Bruyère.* 1 volume de 240 pages. . . . . . . . . . . . . . . . . . . 10 fr.

*Le Premier Texte de La Rochefoucauld,* publié par M. F. de Marescot. 1 volume. Tirage à 300 exemplaires . . . . . . . . . . . . . . . . 7 50

*La Chronique de Gargantua,* premier texte du roman de Rabelais, avec une notice de M. Paul Lacroix. 1 volume de 104 pages. Tirage à 250 exemplaires . . . . . . . . . . . . . . . . . . 5 »

*La Puce de Madame Desroches.* 1 volume de 140 pages. Tirage à 300 exemplaires . . . . . . 7 50

Presque épuisé. Sera prochainement mis à *dix francs.* Il reste 2 exemplaires Chine et 1 Whatman, à 15 fr.

### POUR PARAITRE PROCHAINEMENT :

*Les Satyres de Du Lorens,* réimpression de l'édition *complète* de 1646, in-4, contenant les *vingt-six satires.* 1 volume, tiré à 300 exemplaires.

### EN PRÉPARATION :

*La Chronique de Pantagruel,* reproduction de l'opuscule petit in-8, goth., sans lieu ni date, et portant pour titre : *les Chroniques admirables,* etc. Notice par M. Paul Lacroix. Tirage à 250 exemplaires. — Cet opuscule n'a pas encore été réimprimé.

*Les Satyres de Vauquelin de la Fresnaye.* 2 volumes tirés à 300 exemplaires.

*Poésies de J. Tahureau,* du Mans. 1 volume tiré à 300 exemplaires.

*La Farce de Pathelin,* avec notice par M. Paul Lacroix. 1 volume, tiré à 300 exemplaires.

Nota. — *Toutes les publications du* Cabinet du Bibliophile *se trouvent à la Librairie de l'Académie des Bibliophiles, rue de la Bourse,* 10.

Paris, imp. Jouaust, rue Saint-Honoré, 338.

# LE PREMIER TEXTE

DE

# LA ROCHEFOUCAULD

---

*CABINET DU BIBLIOPHILE*

N° IV

# TIRAGE.

3oo exemplaires sur papier vergé.
  15    »     sur papier Whatman.
  15    »     sur papier de Chine.
   3    »     sur parchemin.

333 exemplaires numérotés.

*No*

*Exemplaire du dépôt*

# LE PREMIER TEXTE

DE

# LA ROCHEFOUCAULD

## PUBLIÉ PAR F. DE MARESCOT

*A PARIS*

CHEZ D. JOUAUST, IMPRIMEUR

RUE SAINT-HONORÉ, 338

—

MDCCCLXIX

1869

# AVERTISSEMENT

———

**A**près les savantes et si remarquables études de Cousin, de Sainte-Beuve, de Prévost-Paradol, et, en dernier lieu, de Louis Lacour, sur le duc de La Rochefoucauld, nous serions mal venu de dire quoi que ce soit sur le talent, les mérites et aussi les défauts de l'auteur des Maximes. Nous nous abstiendrons donc ici d'appréciations déjà connues, de louanges banales, de réfutations hasardées maintes fois par la critique : nous voulons seulement dire quelques mots du texte que nous offrons aux Savants et aux Bibliophiles, car le grand nombre des éditions des Maximes pourrait faire douter de l'opportunité de celle que nous publions aujourd'hui. Elle a néanmoins un attrait nouveau, spécial, qui est celui de reproduire fidèlement l'ébauche et pour ainsi dire le canevas de *cette œuvre parfois éminemment morale que La Rochefoucauld a portée en 1678, dans sa cinquième édition, au dernier et en même temps au plus brillant degré de la perfection.*

*Le cardinal de Retz, traçant dans ses* Mémoires *le portrait du duc de La Rochefoucauld, a écrit sur l'auteur des* Maximes *cette phrase :* « Il a toujours eu une irrésolution habituelle, mais je ne sais même à quoi attribuer cette irrésolution [1]. » *La publication de la première édition* (1665) *des* Réflexions ou Sentences et Maximes morales *nous montre bien frappante cette indécision innée dont parle de Retz.*

*Cinq éditions de son livre parurent durant la vie de l'auteur, se suivant à de courts intervalles [2], cinq années au plus; mais la première de toutes avant d'être livrée au public passa par diverses phases intéressantes à rapporter.*

*Pour bien s'en rendre compte il nous faut dire en peu de mots ce qu'était au XVIIᵉ siècle la société, quels étaient ses goûts et ses aptitudes bien dégénérées de nos jours. Les salons et les ruelles d'alors fourmillaient de beaux esprits, d'experts en l'art de penser et d'écrire, de nobles dames de haut goût [3];*

---

1. *Mémoires du cardinal de Retz,* tome I, page 218, de l'édition d'Amsterdam. Chez Frédéric Bernard, 1731.

2. 1665, 1666, 1671, 1675, 1678.

3. « En fait de langue, il n'est femmelette du Siècle de Louis XIV qui n'en remontrât aux Rousseau et aux Buffon. » (P. L. Courier.)

et dans les cabarets, à la *Pomme de Pin* ou ailleurs, les sommités littéraires les plus brillantes aimaient à se retrouver le verre en main. A la Cour ou sous les tonnelles, au theâtre ou dans les galeries, la littérature faisait le plus souvent les frais de la conversation : de là cette fièvre d'écrire au sein de la société et ce besoin d'apprécier, de commenter, de disséquer le livre nouveau ou le manuscrit en vogue.

Celui des *Maximes*, avant que de paraître, passa de mains en mains et donna lieu à un échange de lettres sans fin, pleines d'appréciations, de louanges, d'amères récriminations, de blâmes de toute nature[1]. Cette façon de déflorer un livre pendant son enfantement même était très-reçue et, de plus, recommandée[2], témoin ce qu'en dit *Segrais* : « *Ceux qui composent pour le public doivent communiquer leurs ouvrages à des amis capables d'en juger et les corriger avant que de les publier : c'est la manière dont en ont usé tous ceux qui aspirent à la perfection..... Monsieur de La Rochefoucault l'a pratiqué ainsi à l'égard de ses Mémoires et de ses Maximes, ouvrages écrits avec tant de justesse. Il m'envoyoit ce qu'il*

1. Voir le premier volume de l'édition Gilbert, pages 371 à 399.

2. « L'on devroit aimer à lire ses ouvrages à ceux qui en sça' vent assez pour les corriger et les estimer. » (La Bruyère 1er texte (1688), ed. Jouaust, page 94.) Voir aussi, dans notre éd. des *Satires de Boileau* (Académie des Bibliophiles), la préface de l'éd. de 1701, page 7, lignes 20 et suivantes.

*avoit fait dans le tems qu'il y travailloit, et il vouloit que je gardasse ses cahiers*[1] *cinq ou six semaines afin de les examiner plus exactement et que j'eusse plus de tems à juger du tour des pensées et de l'arrangement des paroles, etc.*[2]*; » Après bien des doutes, bien des hésitations, comme on vient de le voir, l'auteur se décida enfin à faire imprimer son manuscrit*[3].

*Le Privilége de la publication fut donné le 14 janvier 1664 à Claude Barbin. Achevé d'imprimer le 27 octobre de la même année, le livre était mis en*

---

1. Ces cahiers font aujourd'hui partie des archives de La Rocheguyon.

2. *Œuvres diverses de M. de Segrais*, tome I, page 166. (Amsterdam, chez Changuion, 1723.)

3. Nous avons trouvé, à la bibliothèque de l'Arsenal, sur un exemplaire de 1665, une curieuse note manuscrite qui paraît remonter à la fin du XVIIe siècle ; la voici : « Cette édition est une des premières. Aucune n'a été avouée de La Rochefoucault, mais il y a apparence qu'il étoit au moins de connivence avec ceux de ses amis qui prenoient ce soin pour sa gloire. Le livre des *Maximes* eut une grande vogue. L'auteur avoit été l'âme du parti des Princes, lui seul guidoit Mme de Longueville, et quand elle se priva de ses conseils elle perdit presque toute sa célébrité; elle ne fit plus que languir et se réfugia enfin dans la dévotion. Le goût de l'esprit succédant ensuite chez M. de La Rochefoucault à celui de l'intrigue, il vécut dans la société de Mme de La Fayette, de Mme de Sevigné, de Segrais, et on seroit assez tenté de croire que le discours sur les réflexions est de celui-ci, car il abonde en citations latines et italiennes. C'étoit la mode alors : le *Segraisiana* indique que c'étoit assez le goût de Segrais. Mais comme on cite icy un peu les saints Pères, j'inclinerois à croire que ce discours est d'Esprit, ou de Gomberville, ou plus probablement encore de Chevreau. »

vente au commencement de l'année suivante[1]. Trois éditions, sans nom d'auteur et portant toutes les trois le même titre, parurent ensemble, très-différentes toutefois l'une de l'autre. Quelle est la première des trois? La question jusqu'à ce jour n'a pas été définitivement résolue. Voici la description du texte suivi par nous ; nous donnerons tout à l'heure les raisons de notre préférence :

« Réflexions ou sentences et maximes morales (sans nom d'auteur), à Paris : Chez Claude Barbin, vis-à-vis le portail de la Sainte Chapelle, au Signe de la Croix, 1665. Avec privilége du Roy. Petit in-12. »

Cette édition contient : 1° 24 feuillets préliminaires non paginés, renfermant un frontispice, l'Amour de la Vérité, par Picart. Le titre décrit ci-dessus. Un Advis au Lecteur. Le Discours sur les réflexions ; — 2° 148 pages contenant 313 maximes numérotées en chiffres romains, plus une indépendante sur la Fausseté du mépris de la mort ; — 3° cinq feuillets non paginés, pour la Table et le Privilége.

Nous y avons relevé de graves et nombreuses er-

---

1. A la fin de février probablement. Ce qui nous le fait penser est un article-réclame paru au commencement de mars 1665 dans le *Journal des Savants*. Le duc de La Rochefoucauld avait alors cinquante-deux ans, il était né le 15 septembre 1613, à deux heures et demie après midi. (Voir sur ce détail entièrement nouveau le Dictionnaire de A. Jal, à la page 739, colonne 2.)

*reurs jusqu'ici restées inconnues*[1]. *La maxime* 86 *est
numérotée* 84, 274 *l'est* 269, 290 *l'est* 280, 291 *l'est*
281, 296 *l'est* 196. *Le numéro* 302 *est répété deux
fois, ce qui fait terminer le livre à* 312 *maximes au
lieu de* 313. *En outre, la dernière page porte bien
le chiffre* 150; *mais comme les feuillets* 145 *et* 146
*n'existent pas, il n'y a en réalité que* 148 *pages*[2].

*Le deuxième tirage diffère du précédent en ce
qu'il contient, outre quelques variantes,* 317 *maximes
au lieu de* 313. *On y retrouve les mêmes erreurs
que ci-dessus relativement aux numéros. Le volume finit à* 316 *maximes au lieu de* 317 *par suite du
bis du numéro* 302; *les pages* 145 *et* 146 *y sont toutefois régulièrement paginées.*

*Le troisième tirage ne se distingue du second que
par la différence des caractères employés; ils sont en
effet beaucoup plus petits. M. Gilbert parle d'un
quatrième tirage*[3] *paru en même temps que les
trois premiers, une contrefaçon bien certainement, car
il offre cette particularité qu'on y trouve sur le titre
le nom de La Rochefoucauld*[4], *ce qui, par parenthèse,*

1. Les renseignements bibliographiques recueillis par Brunet
sur les éditions des *Maximes* sont d'une grande inexactitude.
2. Le fleuron en tète de la première maxime est à l'envers,
faute qui se retrouve dans tous les tirages de 1665.
3. Page 25 du tome I de son édition.
4. Nous n'avons pu nous le procurer. En voici, selon M. Gilbert, le titre exact : « *Réflexions morales de L. R. Foucaut.* »
(*Sic.*) Nous avons toutefois trouvé une contrefaçon du tirage de
1665 contenant les 317 Maximes. Elle porte la date de 1679,

donne un démenti formel et définitif aux ridicules paradoxes de Charles Nodier.

Le texte que nous reproduisons ici a quelque chance d'avoir paru avant les autres. Typographiquement parlant, il est le moins soigné ; le fleuron traditionnel de la fin fait défaut, et, par suite, la dernière maxime laisse après elle le tiers de la page en blanc, comme si le volume n'avait pas été entièrement achevé. Ce qui semble nous le faire croire, ce sont les variantes que l'on retrouve dans le texte numéro deux, et surtout ce complément de quatre maximes entièrement absentes dans le premier[1]. Cette édition est d'ailleurs plus soignée, les caractères y sont régulièrement alignés, et si on la compare à la précédente, cette dernière, qui paraît avoir été faite à la hâte, ressemble, comme à un coup d'essai. Voulant donner un premier texte, nous l'avons cependant choisi entre les trois, nous pourrions dire entre les deux, car la troisième, comme nous l'avons fait remarquer, est presque entièrement semblable à la seconde.

elle est à la Sphère, selon la copie imprimée à Paris. Elle paraît avoir été faite avec le plus grand soin, car toutes les fautes signalées par nous dans les éditions de Paris ne s'y trouvent pas.

1. La Bibliothèque Impériale possède un exemplaire (Z-1784) des Maximes, dans lequel, grâce à un carton, on trouve les deux versions, c'est-à-dire 313 maximes d'une part et 317 de l'autre ; ce qui prouve une fois de plus que bien certainement tout d'abord parut une édition ne renfermant que 313 maximes seulement. Cet exemplaire est aux armes de Philippe d'Orléans. le régent. (De France au lambel à trois pendants d'argent.)

*Nos notes contiendront toutes les variantes, relevées avec la plus scrupuleuse attention, parce qu'elles offrent un intérêt réel[1].*

*Que le Lecteur veuille bien nous pardonner cette interminable description bibliographique[2], elle était nécessaire pour bien faire comprendre le but de notre publication : elle forme en effet, avec le premier texte de La Bruyère, la reproduction complète des esquisses de ce tableau si achevé du cœur humain que l'auteur des Caracteres et le duc de La Rochefoucauld ont légué à tout jamais aux méditations de la postérité.*

Novembre 1868.

F. DE MARESCOT.

---

1. Il est impossible toutefois de les donner toutes, sans nulle exception, car il n'est pas, croyons-nous, d'exemplaire original de 1665 qui ne renferme une ou plusieurs variantes.

2. Pour bien sçavoir les choses, il en faut sçavoir le détail, et comme il est presque infini, nos connaissances sont toujours superficielles et imparfaites. (Maxime CXVI.)

# REFLEXIONS

## OV

# SENTENCES

## ET

# MAXIMES

### MORALES.

## A PARIS,

Chez Clavde Barbin, vis à vis
le Portail de la Sainte Chapelle,
au signe de la Croix.

M. DC. LXV.

*AVEC PRIVILEGE DV ROY.*

# ADVIS

# AU LECTEUR

***

Voicy un Portrait du cœur de l'homme que je donne au public, sous le Nom de Reflexions ou Maximes Morales. Il court fortune de ne plaire pas à tout le monde, parce qu'on trouvera peut-estre qu'il ressemble trop, et qu'il ne flate pas assez. Il y a aparence que l'intention du Peintre n'a jamais esté de faire parroistre cét ouvrage, et qu'il seroit encore r'enfermé dans son cabinet, si une méchante copie qui en a couru, et qui a passé même depuis quelque temps en Hollande, n'avoit obligé un de ses Amis de m'en donner une autre, qu'il dit estre tout à fait conforme à l'Original; mais, toute correcte qu'elle est, possible n'évitera-

t-elle pas la censure de certaines *Personnes qui
ne peuvent soufrir que l'on se mesle de penetrer
dans le fonds de leur cœur, et qui croyent estre
en droit d'empescher que les autres les connoissent,
parce qu'elles ne veulent pas se connoistre elles-
mêmes.* Il est vray que, comme ces Maximes *sont
remplies de ces sortes de veritez dont l'orgueil
humain ne se peut accommoder, il est presque
impossible qu'il ne se soûleve contre-elles, et
qu'elles ne s'atirent des Censeurs. Aussi est-ce
pour eux que je mets icy une* Lettre *que l'on m'a
donnée, qui a esté faite depuis que le manuscrit
a paru, et dans le temps que chacun se mesloit
d'en dire son avis. Elle m'a semblé assez propre
pour répondre aux principales dificultez que l'on
peut opposer aux* Reflexions, *et pour expliquer
les sentimens de leur Auteur : elle suffit pour
faire voir que ce qu'elles contiennent n'est autre
chose que l'abregé d'une Morale conforme aux
pensées de plusieurs Peres de l'Eglise, et que
celuy qui les a escrites a eu beaucoup de raison
de croire qu'il ne pouvoit s'egarer en suivant de
si bons guides, et qu'il luy estoit permis de parler de* l'Homme *comme les Peres en ont parlé.
Mais si le respect qui leur est deu n'est pas capable de retenir le chagrin des Critiques, s'ils
ne font point de scrupule de condamner l'opinion
de ces grands Hommes en condamnant ce Livre,*

*je prie le Lecteur de ne les pas imiter, de ne laisser point entraisner son esprit au premier mouvement de son cœur, et de donner ordre, s'il est possible, que* l'Amour propre *ne se mesle point dans le jugement qu'il en fera; car, s'il le consulte, il ne faut pas s'attendre qu'il puisse estre favorable à ces* Maximes : *comme elles traittent* l'Amour propre *de corrupteur de la raison, il ne manquera pas de prevenir l'esprit contre elles. Il faut donc prendre garde que cette prevention ne les justifie, et se persuader qu'il n'y a rien de plus propre à establir la vérité de ces* Reflexions *que la chaleur et la subtilité que l'on temoignera pour les combattre. En effet, il sera difficile de faire croire à tout homme de bon sens que l'on les condamne par d'autre motif que par celuy de l'interest caché, de l'orgueil et de l'amour propre. En un mot, le meilleur party que le Lecteur ait à prendre est de se mettre d'abord dans l'esprit qu'il n'y a aucune de ces* Maximes *qui le regarde en particulier, et qu'il en est seul excepté, bien qu'elles paroissent generales. Apres cela je luy répond qu'il sera le premier à y souscrire, et qu'il croira qu'elles font encore grace au cœur humain. Voila ce que j'avois à dire sur cét escrit en general; pour ce qui est de la methode que l'on y eust peu observer, je croy qu'il eust esté à desirer que chaque*

Maxime *eût eu un tiltre du sujet qu'elle traite,*
*et qu'elles eussent esté mises dans un plus grand*
*ordre; mais je ne l'ay pû faire sans renverser*
*entierement celuy de la copie qu'on m'a donnée;*
*et comme il y a plusieurs* Maximes *sur une même*
*matière, ceux à qui j'en ay demandé avis ont*
*jugé qu'il estoit plus expedient de faire une table*
*à laquelle on aura recours pour trouver celles*
*qui traittent d'une méme chose.*

# DISCOURS

SUR LES

# REFLEXIONS OU SENTENCES

ET

# MAXIMES MORALES

---

MONSIEUR,

JE ne sçaurois vous dire au vray si les Reflexions Moralles sont de M***, quoy qu'elles soient écrites d'une maniere qui semble aprocher de la sienne ; mais en ces occasions là je me deffie presque toûjours de l'opinion publique, et c'est assez qu'elle luy en aye fait un present, pour me donner une juste raison de n'en rien croire. Voilà, de bonne foy, tout ce que je puis vous répondre

sur la premiere chose que vous me demandez;
et pour l'autre, si vous n'aviez bien du pouvoir
sur moy, vous n'en auriez guere plus de conten-
tement; car un homme prevenu, au point que je
le suis, d'estime pour cét ouvrage, n'a pas toute la
liberté qu'il faut pour en bien juger. Neantmoins,
puisque vous me l'ordonnez, je vous en diray
mon avis, sans vouloir m'ériger autrement en
faiseur de dissertations, et sans y mêler en aucune façon l'interest de celuy que l'on croit avoir
fait cét écrit. Il est aisé de voir d'abord qu'il
n'estoit pas destiné pour paroistre au jour, mais
seulement pour la satisfaction d'une personne
qui, à mon avis, n'aspire pas à la gloire d'estre
Autheur, et si, par hazard, c'estoit M***, je puis
vous dire que sa reputation est établie dans le
monde par tant de meilleurs tiltres, qu'il n'auroit pas moins de chagrin de sçavoir que ces
*Reflexions* sont devenues publiques qu'il en eut
lors que les *Memoires* qu'on lui attribuë furent
imprimez. Mais vous sçavez, Monsieur, l'empressement qu'il y a dans le siecle pour publier
toutes les nouveautés, et s'il y a moyen de l'empescher quand on le voudroit, sur tout celles
qui courent sous des noms qui les rendent re-
commandables. Il n'y a rien de plus vray, Monsieur; les noms font valoir les choses aupres de
ceux qui n'en sçauroient connoistre le veritable

prix : celuy des *Reflexions* est connu de peu de
gens, quoy que plusieurs se soient meslez d'en
dire leur avis. Pour moy, je ne me pique pas
d'estre assez delicat et assez habile pour en bien
juger; je dis habile et delicat, parce que je tiens
qu'il faut estre pour cela l'un et l'autre; et quand
je me pourrois flater de l'estre, je m'imagine que
j'y trouverois peu de choses à changer. J'y rencontre par tout de la force et de la penetration,
des pensées elevées et hardies, le tour de l'expression noble et accompagné d'un certain air
de qualité qui n'apartient pas à tous ceux qui se
meslent d'écrire. Je demeure d'accord qu'on n'y
trouvera pas tout l'ordre ny tout l'art que l'on
y pouroit souhaiter, et qu'un sçavant qui auroit un plus grand loisir y auroit pu metre plus
d'arangement; mais un homme qui n'écrit que
pour soy et pour délasser son esprit, qui écrit les
choses à mesure qu'elles luy viennent dans la
pensée, n'afecte pas tant de suivre les regles que
celuy qui écrit de profession, qui s'en fait une affaire, et qui songe à s'en faire honneur. Ce de-
sordre neantmoins a ses graces, et des graces que
l'Art ne peut imiter. Je ne sçay pas si vous estes
de mon goust, mais, quand les sçavans m'en de-
vroient vouloir du mal, je ne puis m'empescher
de dire que je prefereray toute ma vie la maniere
d'écrire negligée d'un Courtisan qui a de l'esprit

à la regularité gesnée d'un Docteur qui n'a jamais rien veu que ses Livres. « *Plus ce qu'il dit et ce qu'il écrit paroist aisé, et dans un certain air d'un homme qui se neglige, plus cette negligence, qui cache l'art sous une expression simple et naturelle, luy donne d'agréement.* » C'est de Tacite que je tiens cecy; je vous mets à la marge le passage Latin, que vous lirez si vous en avez envie, et j'en useray de méme de tous ceux dont je me souviendray, n'estant pas asseuré si vous aymez cette Langue, qui n'entre gueres dans le commerce du grand monde, quoy que je sçache que vous l'entendez parfaitement. N'est-il pas vray, Monsieur, que cette justesse, recherchée avec trop d'estude, a toûjours un je ne sçay quoy de contraint qui donne du degoust, et qu'on ne trouve jamais dans les ouvrages de ces gens esclaves des regles ces beautez où l'Art se déguise sous les aparences du naturel, ce don d'écrire facilement et noblement, enfin ce que le Tasse a dit du Palais d'Armide :

> *Stimi (si misto il culto é col negletto)*
> *Sol naturali gliornamenti e i siti*
> *Di natura arte par, che per diletto*
> *L'imitatrice sua scherzando imiti.*
>
> Tass., cant. 17.

---

*Dicta factaque ejus quanto solutiora et quamdam sui negligentiam præferentia, tanto gratius in speciem simplicitatis accipiebantur.* — Tac., Ann., l. 16.

Voila comme un Poëte François l'a pensé aprés luy :

> *L'artifice n'a point de part*
> *Dans cette admirable structure ;*
> *La Nature, en formant tous les traits au hazard,*
> *Sçait si bien imiter la justesse de l'Art,*
> *Que l'œil, trompé d'une douce imposture,*
> *Croit que c'est l'Art qui suit l'ordre de la Nature.*

Voila ce que je pense de l'Ouvrage en general ; mais je voy bien que ce n'est pas assez pour vous satisfaire, et que vous voulez que je réponde plus precisément aux difficultés que vous me dites que l'on vous a faites. Il me semble que la premiere est celle-cy : *Que les Reflexions détruisent toutes les vertus.* On peut dire à cela que l'intention de celuy qui les a écrites paroist fort éloignée de les vouloir détruire : il pretend seulement faire voir qu'il n'y en a presque point de pures dans le monde, et que, dans la pluspart de nos actions, il y a un meslange d'erreur et de verité, de perfection et d'imperfection, de vice et de vertu ; il regarde le cœur de l'homme corrompu, attaqué de l'orgueil et de l'amour propre, et environné de mauvais exemples, comme le Commandant d'une Ville assiegée à qui l'argent a manqué : il fait de la monnoye de cuir et de carton ; cette monnoye a la figure de la bonne, on la debite pour le mesme prix, mais ce n'est que la misere et le besoin qui luy donnent cours

parmy les assiegez. De même, la pluspart des actions des hommes que le monde prend pour des
vertus n'en ont bien souvent que l'image et la
ressemblance; elles ne laissent pas neantmoins
d'avoir leur merite et d'estre dignes, en quelque
sorte, de nostre estime, estant tres-difficile d'en
avoir humainement de meilleures. Mais quand il
seroit vray qu'il croiroit qu'il n'y en auroit aucune de veritable dans l'homme, en le conside-
rant dans un estat purement naturel, il ne seroit
pas le premier qui auroit eu cette opinion. Si je
ne craignois pas de m'eriger trop en Docteur, je
vous citerois bien des Auteurs, et même des
Peres de l'Eglise et de grands Saints, qui ont
pensé que l'amour propre et l'orgueil estoient
l'ame des plus belles actions des Payens; je vous
ferois voir que quelques-uns d'entr'eux n'ont pas
méme pardonné à la chasteté de Lucrece, que
tout le monde avait creu vertueuse, jusqu'à ce
qu'ils eussent découvert la fausseté de cette vertu,
qui avoit produit la liberté de Rome, et qui s'estoit atiré l'admiration de tant de Siecles. Pensez-
vous, Monsieur, que Seneque, qui faisoit aller
son Sage de pair avec les Dieux, fust veritable-

---

Epictet., apud Arrian.
*Jovem plus non posse quam bonum virum.* — Senec., ep.
lxxxiii. — *Deus non vincit sapientem fœlicitate etiam si vincit
ætate.* —Senec., ibid.

ment sage luy-mesme, et qu'il fust bien persuadé de ce qu'il vouloit persuader aux autres? Son orgueil n'a pû l'empescher de dire quelquefois *qu'on n'avoit point vû dans le monde d'exemple de l'Idée qu'il proposoit, qu'il estoit impossible de trouver une vertu si achevée parmy les hommes, et que le plus parfait d'entr'eux estoit celuy qui avoit le moins de defauts.* Il demeure d'accord que *l'on peut reprocher à Socrate d'avoir eu quelques amitiez suspectes; à Platon et Aristote, d'avoir esté avares; à Epicure, prodigue et voluptueux;* mais il s'écrie en mesme temps que *nous serions trop heureux d'estre parvenus à sçavoir imiter leurs vices.* Ce Philosophe auroit eu raison d'en dire autant des siens, car on ne seroit pas trop mal-heureux de pouvoir joüir, comme il a fait, de toute sorte de biens, d'honneurs et de plaisirs, en affectant de les mépriser; de se voir le maistre de l'Empire et de l'Empereur, et l'amant de l'Imperatrice en meme temps; d'avoir de superbes Palais, des jardins delicieux, et de prescher, aussi à son aise qu'il faisoit, la moderation

---

*Ubi enim illum invenies quem tot seculis quærimus sapientem, pro optimo est minime malus.* — Senec., De Tranq.

*Objicite Platoni quod petierit pecuniam, Aristoteli quod acceperit, Epicuro quod consumpserit, Socrati Alcibiadem et Phædrum objectale. O vos usu maxime fœlices, cum primum vobis imitari vitia nostra contigerit!* — Senec., De Vit. beat.

et la pauvreté, au milieu de l'abondance et des richesses. Pensez-vous, Monsieur, que ce Stoïcien, qui contrefaisoit si bien le maistre de ses passions, eust d'autres vertus que celles de bien cacher ses vices, et qu'en se faisant couper les veines, il ne se repentit pas plus d'une fois d'avoir laissé à son Disciple le pouvoir de le faire mourir? Regardez un peu de prés ce faux brave : vous verrez qu'en faisant de beaux raisonnemens sur l'immortalité de l'ame, il cherche à s'étourdir sur la crainte de la mort; il ramasse toutes ses forces pour faire bonne mine, il se mord la langue de peur de dire que la douleur est un mal; il pretend que la raison peut rendre l'homme impassible, et au lieu d'abaisser son orgueil, il le releve au dessus de la Divinité. Il nous auroit bien plus obligez de nous avoüer franchement les foiblesses et la corruption du cœur humain que de prendre tant de peine à nous tromper. L'Auteur des *Reflexions* n'en fait pas de même : il expose au jour toutes les miseres de l'homme, mais c'est de l'homme abandonné à sa conduite

---

*Senecam adoriuntur tanquam ingentes et supra privatum modum evectas opes adhuc augeret, quodque studia civium in se verteret, hortorum quoque amœnitate et villarum magnificentia quasi principem supergrederetur.* — Tacit., Ann., l. 14.

*Sapientem, si in Phalaridis tauro peruratur, exclamaturum : « Dulce est et ad me nil attinet. »* — Epic., apud Senec.

qu'il parle, et non pas du Chrestien; il fait voir que, malgré tous les efforts de sa raison, l'orgueil et l'amour propre ne laissent pas de se cacher dans les replis de son cœur, d'y vivre et d'y conserver assez de forces pour répandre leur venin, sans qu'il s'en apperçoive, dans la pluspart de ses mouvemens.

La seconde difficulté que l'on vous a faite, et qui a beaucoup de rapport à la premiere, est *que les Reflexions passent dans le monde pour des subtilitez d'un Censeur qui prend en mauvaise part les actions les plus indiferentes, plûtost que pour des veritez solides.* Vous me dites que quelques uns de vos amis vous ont asseuré de bonne foy qu'ils sçavoient, par leur propre experience, que l'on fait quelquefois le bien sans avoir d'autre veuë que celle du bien, et souvent même sans en avoir aucune, ny pour le bien, ny pour le mal, mais par une droiture naturelle du cœur qui le porte, sans y penser, vers ce qui est bon. Je voudrois qu'il me fût permis de croire ces gens-là sur leur parole, et qu'il fût vrai que la nature humaine n'eût que des mouvemens raisonnables, et que toutes nos actions fussent naturellement vertueuses; mais, Monsieur, comment accorderons nous le témoignage de vos amis avec les sentimens des mêmes Peres de l'Eglise, qui ont assuré *Que toutes nos vertus, sans le secours de la*

*Foy, n'estoient que des imperfections ; que nostre
volonté estoit née aveugle; que ses desirs estoient
aveugles, sa conduite encore plus aveugle, et
qu'il ne falloit pas s'estonner si, parmy tant d'aveuglement, l'homme estoit dans un égarement continuel?* Ils en ont parlé encore plus fortement,
car ils ont dit qu'en cét estat, *La Prudence de
l'homme ne penetroit dans l'avenir, et n'ordonnoit
rien que par raport à l'orgueil; que sa tempe-
rance ne moderoit aucun excés que celuy que
l'orgueil avoit condamné; que sa constance ne se
soutenoit dans les malheurs qu'autant qu'elle estoit
soutenuë par l'orgueil, et enfin que toutes ses
vertus, avec cét éclat exterieur de merite qui les
faisoit admirer, n'avoient pour but que cette admiration, l'amour d'une vaine gloire et l'interest
de l'orgueil.* On trouveroit un nombre presque
infiny d'autoritez sur cette opinion; mais, si je
m'engageois à vous les citer regulierement, j'en
aurois un peu plus de peine, et vous n'en auriez
pas plus de plaisir. Je pense donc que le meilleur
pour vous et pour moy sera de vous en faire voir
l'abregé dans six Vers d'un excellent Poëte de
nostre temps :

*Si le jour de la Foy n'éclaire la raison,
Nostre goust depravé tourne tout en poison;
Toujours de nôtre orgueil la subtile imposture
Au bien qu'il semble aimer fait changer de nature;*

*Et dans le propre amour dont l'homme est revestu,*
*Il se rend criminel, même pour sa vertu.*

Brebeuf, Entr. Sol.

S'il faut neantmoins demeurer d'accord que vos amis ont le don de cette Foy vive qui redresse toutes les mauvaises inclinations de l'Amour propre, si Dieu leur fait des graces extraordinaires, s'il les sanctifie dés ce monde, je souscris de bon cœur à leur canonisation, et je leur déclare que les *Réflexions Moralles* ne les regardent point. Il n'y a pas apparance que celuy qui les a écrites en veule à la vertu des Saints ; il ne s'adresse, comme je vous ay dit, qu'à l'homme corrompu : il soûtient qu'il fait presque toûjours du mal quand son amour propre le flatte qu'il fait le bien, et qu'il se trompe souvent lorsqu'il veut juger de luy-mesme, parce que la Nature ne se declare pas en luy sincerement des motifs qui le font agir. Dans cét estat mal-heureux, où l'orgueil est l'ame de tous ses mouvemens, les Saints mesmes sont les premiers à lui declarer la guerre, et le traittent plus mal, sans comparaison, que ne fait l'Autheur des Reflexions. S'il vous prend quelque jour envie de voir les passages que j'ay trouvés dans leurs Escrits sur ce sujet, vous serez aussi persuadé que je le suis de cette verité; mais je

vous suplie de vous contenter à present de ces
Vers, qui vous expliqueront une partie de ce
qu'ils en ont pensé :

*Le desir des honneurs, des biens et des delices,*
*Produit seul ses vertus, comme il produit ses vices,*
*Et l'aveugle interest qui regne dans son cœur*
*Va d'objet en objet, et d'erreur en erreur :*
*Le nombre de ses maux s'acroist par leur remede ;*
*Au mal qui se guerit un autre mal succede ;*
*Au gré de ce Tyran, dont l'empire est caché,*
*Un peché se destruit par un autre peché.*

Brebeuf, Entr. Sol.

Montagne, que j'ay quelque scrupule de vous
citer apres des Peres de l'Eglise, dit assez heu-
reusement, sur ce mesme sujet : *Que son ame a*
*deux visages differens ; qu'elle a beau se replier*
*sur elle-mesme, elle n'aperçoit jamais que celuy*
*que l'amour propre a deguisé, pendant que l'au-*
*tre se découvre par ceux qui n'ont point de part*
*à ce déguisement.* Si j'osois encherir sur une me-
taphore si hardie, je dirois que l'ame de l'homme
corrompu est faite comme ces Medailles qui representent la figure d'un Saint et celle d'un Demon dans une seule face, et par les mesmes traits :
il n'y a que la diverse situation de ceux qui la
regardent qui change l'objet ; l'un void le Saint,
et l'autre void le Demon. Ces comparaisons nous
font assez comprendre que, quand l'amour propre
a séduit le cœur, l'orgueil aveugle tellement la

raison, et répand tant d'obscurité dans toutes ses connoissances, qu'elle ne peut juger du moindre de nos mouvemens, ny former d'elle-mesme aucun discours asseuré pour nostre conduite. *Les hommes*, dit Horace, *sont sur la terre comme une troupe de voyageurs que la nuit a surpris en passant dans une forest : ils marchent sur la foy d'un guide qui les esgare aussi-tost, ou par malice, ou par ignorance; chacun d'eux se met en peine de retrouver le chemin ; ils prennent tous diverses routes, et chacun croit suivre la bonne ; plus il le croit, et plus il s'en escarte. Mais quoy que leurs egaremens soient differens, ils n'ont pourtant qu'une mesme cause : c'est le guide qui les a trompez, et l'obscurité de la nuit qui les empesche de se redresser.* Peut-on mieux dépeindre l'aveuglement et les inquietudes de l'homme abandonné à sa propre conduite, qui n'écoute que les conseils de son orgueil, qui croit aller naturellement droit au bien, et qui s'imagine toûjours que le dernier qu'il recherche est le meilleur? N'est-il pas vray que, dans le temps qu'il se flatte de faire des actions vertueuses,

---

*Velut sylvis, ubi passim*
*Palantes error certo de tramite pellit,*
*Ille sinistrorsum, hic dextrorsum abit : unus utrique*
*Error, sed variis illudit partibus.*

Horat., Serm., l. 2, sat. 3.

c'est alors que l'égarement de son cœur est plus dangereux? Il y a un si grand nombre de roües qui composent le mouvement de cét Horloge, et le principe en est si caché, qu'encore que nous voyions ce que marque la montre, nous ne sça- vons pas quel est le ressort qui conduit l'éguille sur toutes les heures du Cadran.

La troisiéme difficulté que j'ay à resoudre est *que beaucoup de personnes trouvent de l'obscu- rité dans le sens et dans l'expression de ces Re- flexions.* L'obscurité, comme vous sçavez, Mon- sieur, ne vient pas toûjours de la faute de celuy qui escrit. Les *Reflexions*, ou, si vous voulez, les *Maximes* et les *Sentences*, comme le monde a nommées celles-cy, doivent estre escrites dans un stile serré qui ne permet pas de donner aux choses toute la clarté qui seroit à desirer; ce sont les premiers traits du Tableau : les yeux habiles y remarquent bien toute la finesse de l'art et la beauté de la pensée du Peintre; mais cette beauté n'est pas faite pour tout le monde, et quoy que ces traits ne soient point remplis de couleurs, ils n'en sont pas moins des coups de Maistre. Il faut donc se donner le loisir de pe- netrer le sens et la force des paroles; il faut que l'esprit parcoure toute l'estenduë de leur signifi- cation, avant que de se reposer, pour en former le jugement.

La quatriéme difficulté est, ce me semble, *que les Maximes sont presque par tout trop generales.* On vous a dit *qu'il est injuste d'estendre sur tout le genre humain des defauts qui ne se trouvent qu'en quelques hommes.* Je sçay, outre ce que vous me mandez des differens sentimens que vous en avez entendus, ce que l'on oppose d'ordinaire à ceux qui découvrent et qui condamnent les vices : on appelle leur Censure le Portrait du Peintre; on dit qu'ils sont comme les malades de la jaunisse, qu'ils voyent tout jaune parce qu'ils le sont eux-mesmes. Mais s'il estoit vray que, pour censurer la corruption du cœur en general, il fallust la ressentir en particulier plus qu'un autre, il faudroit aussi demeurer d'acord que ces Philosophes, dont Diogene de Laerce nous raporte les sentences, estoient les plus corrompus de leur siecle; il faudroit faire le Procés à la memoire de Caton, et croire que c'é-toit le plus méchant homme de la Republique, parce qu'il censuroit les vices de Rome. Si cela est, Monsieur, je ne pense pas que l'Auteur des Reflexions, quel qu'il puisse estre, trouve rien à redire au chagrin de ceux qui le condamneront, quand, à la Religion prés, on ne le croira pas plus homme de bien ny plus sage que Caton. Je diray encore, pour ce qui regarde les termes que l'on trouve trop generaux, qu'il est difficile de les restraindre dans les Sentences, sans leur oster tout le sel et toute la force; il me semble, outre cela, que l'usage nous fait voir que, sous des expressions generales, l'esprit ne laisse pas de sousentendre de luy-méme des restrictions. Par exemple, quand on dit : « *Tout Paris fut au devant du Roy, toute la Cour est dans la joye* », ces façons de parler ne signifient neantmoins que la plus grande partie. Si vous croyez que ces raisons ne suffisent pas pour fermer la bouche aux Critiques, ajoûtons y que, quand on se scandalise si aisément des termes d'une censure generale, c'est à cause qu'elle nous picque trop vivement dans l'endroit le plus sensible du cœur.

Neantmoins, il est certain que nous connoissons, vous et moy, bien des gens qui ne se scandalisent pas de celle des *Reflexions*, j'entends de ceux qui ont l'hypocrisie en aversion, et qui avoüent de bonne foy ce qu'ils sentent en eux-mêmes et ce qu'ils remarquent dans les autres. Mais peu de gens sont capables d'y penser ou s'en veulent donner la peine, et si, par hazard, ils y pensent, ce n'est jamais sans se flatter. Souvenez-vous, s'il vous plaist, de la maniere dont nostre amy Guarini traite ces gens-là :

> *Huomo sono, e mi preggio d'esser humano;*
> *E teco che sei huomo*

*E ch' àltro esser-non puoi,*
*Come huomo parlo di cosa humana,*
*E se di cotal nome forse ti sdegni,*
*Guarda, Garʒon superbo,*
*Che, nel dishumanarti,*
*Non divenghi una fiera, anʒi ch'un dio.*

Guarini, Past. Fid., act. I, scen. 1.

Voila, Monsieur, comme il faut parler de l'orgueil de la nature humaine; et au lieu de se facher contre le miroir qui nous fait voir nos defauts, au lieu de sçavoir mauvais gré à ceux qui nous les découvrent, ne vaudroit-il pas mieux nous servir des lumieres qu'ils nous donnent pour connoistre l'amour-propre et l'orgueil, et pour nous garentir des surprises continuelles qu'ils font à nostre raison? Peut-on jamais donner assez d'aversion pour ces deux vices, qui furent les causes funestes de la revolte de nostre premier Pere, ny trop descrier ces sources malheureuses de toutes nos miseres?

Que les autres prennent donc comme ils voudront les *Reflexions Morales :* pour moy, je les considere comme peinture ingenieuse de toutes les singeries du faux Sage. Il me semble que, dans chaque trait, *l'amour de la verité luy oste le masque et le monstre tel qu'il est.* Je les regarde comme des Leçons d'un maistre qui entend par-

---

*Homo sum ; humani nihil a me alienum puto.*— Heautont., act. I, scen. 1. Terent.

faitement l'Art de connoistre les hommes, qui
demesle admirablement bien tous les rôlles qu'ils
joüent dans le monde, et qui non seulement nous
fait prendre garde aux diferens caracteres des
personnages du Theatre, mais encore qui nous
fait voir, en levant un coin du rideau, que cét
Amant et ce Roy de la Comedie sont les mesmes Acteurs qui font le Docteur et le Boufon
dans la farce. Je vous avoüe que je n'ay rien
leu de nostre temps qui m'ait donné plus de mépris pour l'homme, et plus de honte de ma
propre vanité. Je pense toûjours trouver à l'ouverture du Livre quelque ressemblance aux mouvemens secrets de mon cœur ; je me taste moy-
même pour examiner s'il dit vray, et je trouve
qu'il le dit presque toûjours et de moy et des
autres plus qu'on ne voudroit. D'abord j'en ay
quelque dépit ; je rougis quelquefois de voir qu'il
ait deviné, mais je sens bien, à force de lire, que,
si je n'aprends à devenir plus sage, j'aprends au
moins à connoistre que je ne le suis pas ; j'aprends
enfin, par l'opinion qu'il me donne de moy-
mesme, à ne me répandre pas sottement dans
l'admiration de toutes ces vertus dont l'éclat
nous saute aux yeux. Les Hypocrites passent
mal leur temps à la lecture d'un livre comme ce-
luy-là ; defiez-vous donc, Monsieur, de ceux qui
vous en diront du mal, et soyez asseuré qu'ils n'en

disent que parce qu'ils sont au desespoir de voir relever des mysteres qu'ils voudroient pouvoir cacher toute leur vie aux autres et à eux-mesmes.

En ne voulant vous faire qu'une lettre, je me suis engagé insensiblement à vous écrire un grand discours : apellez le comme vous voudrez, ou discours ou lettre, il ne m'importe, pourvû que vous en soyez content, et que vous me fassiez l'honneur de me croire,

MONSIEUR,

Vostre, etc.

# REFLEXIONS

## MORALES

---

### I.

L'AMOUR propre est l'amour de soy-même et de toutes choses pour soy ; il rend les hommes idolâtres d'eux-mesmes, et les rendroit les tyrans des autres, si la fortune leur en donnoit les moyens. Il ne se repose jamais hors de soy, et ne s'arreste dans les sujets étrangers que comme les Abeilles sur les fleurs, pour en tirer ce qui luy est propre. Rien n'est si impetueux que ses desirs, rien de si caché que ses desseins, rien de si habile que ses conduites; ses souplesses ne se peuvent representer, ses transformations passent celles des Metamorphoses, et ses rafinements ceux de la Chimie. On ne peut sonder la profondeur ny percer les tenebres de ses abismes : là il est à couvert des yeux les plus penetrans, il y fait mille insensibles tours et retours ; là il est souvent invisible à luy-mesme ; il y conçoit, il y nourrit et il y éleve, sans le sçavoir, un grand nombre d'affections et de haines ; il en forme de si monstrueuses que, lorsqu'il les a mises au jour, il les méconnoit, ou il ne peut se resoudre à les avoüer. De cette nuit qui le couvre naissent les ridicules persuasions qu'il a de luy-même : de là viennent ses erreurs, ses ignorances, ses grossieretez et ses niaiseries sur son sujet ; de là vient qu'il croit que ses sentimens sont morts lors qu'ils ne sont qu'endormis, qu'il s'imagine n'avoir plus envie de courir dés qu'il se repose, et qu'il pense avoir perdu tous les gousts qu'il a rassasiez. Mais cette obscurité épaisse qui le cache à luy-mesme n'empesche pas qu'il ne voye parfaitement ce qui est hors de luy : en quoy il est semblable à nos yeux, qui découvrent tout, et sont aveugles seulement pour eux-mesmes. En effet, dans ses plus grands interests et dans ses plus importantes affaires, où la violence de ses souhaits appelle toute son attention, il voit, il sent, il entend, il imagine, il soupçonne, il pe-

netre, il devine tout; de sorte qu'on est tenté de
croire que chacune de ses passions a une espece
de magie qui luy est propre. Rien n'est si intime
et si fort que ses attachemens, qu'il essaye de
rompre inutilement à la veuë des malheurs ex-
trémes qui le menacent; cependant il fait quelquefois, en peu de temps et sans aucun effort, ce
qu'il n'a pû faire avec tous ceux dont il est capable dans le cours de plusieurs années : d'où
l'on pourroit conclure assez vraysemblablement
que c'est par luy-mesme que ses desirs sont
allumez, plûtost que par la beauté et par le merite de ses objets ; que son goust est le prix qui
les releve et le fard qui les embellit ; que c'est
apres luy-mesme qu'il court, et qu'il suit son
gré lors qu'il suit les choses qui sont à son gré.
Il est tous les contraires : il est imperieux et
obeïssant, sincere et dissimulé, misericordieux
et cruel, timide et audacieux. Il a de differentes
inclinations, selon la diversité des temperamens,
qui le tournent et le devoüent tantost à la gloire,
tantost aux richesses, et tantost aux plaisirs; il
en change selon le changement de nos âges, de
nos fortunes et de nos experiences, mais il luy est
indifferent d'en avoir plusieurs ou de n'en avoir
qu'une, parce qu'il se partage en plusieurs, et se
ramasse en une, quand il le faut, et comme il luy
plaist. Il est inconstant, et, outre les change-

mens qui viennent des causes étrangeres, il y
en a une infinité qui naissent de luy et de
son propre fonds; il est inconstant d'inconstance, de legereté, d'amour, de nouveauté, de
lassitude et de degoust ; il est capricieux, et on le
voit quelquefois travailler avec le dernier empressement, et avec des travaux incroyables, à obtenir des choses qui ne luy sont point avanta-
geuses, et qui mesme luy sont nuisibles, mais
qu'il poursuit parce qu'il les veut. Il est bijeare,
et met souvent toute son application dans les
emplois les plus frivoles ; il trouve tout son plaisir dans les plus fades, et conserve toute sa fierté
dans les plus méprisables. Il est dans tous les
estats de la vie et dans toutes les conditions ; il
vit par-tout et il vit de tout, il vit de rien ; il
s'accommode des choses et de leur privation ; il
passe mesme dans le party des gens qui luy
font la guerre, il entre dans leurs desseins,
et, ce qui est admirable, il se haït luy-mesme
avec eux, il conjure sa perte, il travaille mesme
à sa ruine ; enfin il ne se soucie que d'estre, et,
pourveu qu'il soit, il veut bien estre son ennemy.
Il ne faut donc pas s'étonner s'il se joint quelquefois à la plus rude austerité, et s'il entre si
hardiment en societé avec elle pour se destruire,
parce que, dans le mesme temps qu'il se ruine
en un endroit, il se rétablit en un autre : quand

on pense qu'il quite son plaisir, il ne fait que le
suspendre ou le changer, et lors mesme qu'il est
vaincu et qu'on croit en estre défait, on le retrouve qui triomphe dans sa propre defaite.
Voila la peinture de l'amour-propre, dont toute
la vie n'est qu'une grande et longue agitation;
la mer en est une image sensible, et l'amour-
propre trouve dans le flus et le reflus de ses
vagues continuelles une fidelle expression de la
succession turbulante de ses pensées et de ses
éternels mouvemens.

## II.

L'amour propre est le plus grand de tous les
flatteurs.

## III.

Quelque découverte que l'on ait faite dans le
païs de l'amour propre, il reste bien encore des
terres inconnuës.

## IV.

L'amour propre est plus habile que le plus habile homme du monde.

## V.

La durée de nos passions ne dépend pas plus
de nous que la durée de nostre vie.

## VI.

La passion fait souvent du plus habile homme
un fol, et rend quasi toûjours les plus sots habiles.

## VII.

Les grandes et éclatantes actions qui ébloüis-
sent les yeux sont representées par les Politiques
comme les effets des grands interests, au lieu
que ce sont d'ordinaire les effets de l'humeur et
des passions. Ainsi la guerre d'Auguste et d'An-
thoine, qu'on raporte à l'ambition qu'ils avoient
de se rendre Maistres du monde, estoit un effet
de jalousie.

## VIII.

Les passions sont les seuls orateurs qui per-

suadent toûjours. Elles sont comme un art de la
nature dont les regles sont infaillibles, et l'homme
le plus simple que la passion fait parler persuade mieux que celuy qui n'a que la seule elo-
quence.

## IX.

Les passions ont une injustice et un propre
interest qui fait qu'il est dangereux de les
suivre, lors mesme qu'elles paroissent les plus
raisonnables.

## X.

Il y a dans le cœur humain une generation
perpetuelle de passions, en sorte que la ruine de
l'une est toûjours l'établissement d'une autre.

## XI.

Les passions en engendrent souvent qui leur
sont contraires : l'avarice produit quelquefois la
liberalité, et la liberalité l'avarice ; on est souvent ferme de foiblesse, et l'audace naist de la timidité.

## XII.

Quelque industrie que l'on ait à cacher ses passions sous le voile de la pieté et de l'honneur, il y en a toûjours quelque endroit qui se montre.

## XIII.

Toutes les passions ne sont autre chose que les divers degrez de la chaleur et de la froideur du sang.

## XIV.

Les hommes ne sont pas seulement sujets à perdre également le souvenir des bienfaits et des injures, mais ils haïssent ceux qui les ont obligez, et cessent de haïr ceux qui leur ont fait des outrages. L'aplication à recompenser le bien et à se venger du mal leur paroist une servitude à laquelle ils ont peine à se soûmettre.

## XV.

La clemence des Princes est souvent une po-

litique dont ils se servent pour gagner l'affection
des peuples.

## XVI.

La clemence, dont nous faisons une vertu, se
pratique tantost pour la gloire, quelquefois par
paresse, souvent par crainte, et presque toûjours
par tous les trois ensemble.

## XVII.

La moderation, dans la plus part des hommes
n'a garde de combattre et de soûmettre l'ambition, puis qu'elles ne se peuvent trouver ensemble, la moderation n'estant d'ordinaire qu'une
paresse, une langueur, et un manque de courage : de maniere qu'on peut justement dire à
leur égard que la moderation est une bassesse de
l'ame, comme l'ambition en est l'élevation.

## XVIII.

La moderation dans la bonne fortue n'est que,
l'aprehension de la honte qui suit l'emportement,
ou la peur de perdre ce que l'on a.

## XIX.

La moderation des personnes heureuses est le calme de leur humeur, adoucie par la possession du bien.

## XX.

La moderation est une crainte de l'envie et du mépris qui suivent ceux qui s'enyvrent de leur bonheur ; c'est une vaine ostentation de la force de nostre esprit ; et enfin, pour la bien definir, la moderation des hommes dans leurs plus hautes élevations est une ambition de paroistre plus grands que les choses qui les élevent.

## XXI.

La moderation est comme la sobrieté : on voudroit bien manger d'avantage, mais on craint de se faire mal.

## XXII.

Nous avons tous assez de force pour supporter les maux d'autruy.

## XXIII.

La constance des Sages n'est qu'un art avec lequel ils sçavent enfermer leur agitation dans leur cœur.

## XXIV.

Ceux qu'on fait mourir affectent quelquefois des constances, des froideurs, et des mépris de la mort, pour ne pas penser à elle : de sorte qu'on peut dire que ces froideurs et ces mépris font à leur esprit ce que le bandeau fait à leurs yeux.

## XXV.

La Philosophie triomphe aisement des maux passez et de ceux qui ne sont pas prests d'arriver, mais les maux presens triomphent d'elle.

## XXVI.

Peu de gens connoissent la mort : on ne la souffre pas ordinairement par resolution, mais par stupidité et par coûtume, et la plus part des hommes meurent parce qu'on meurt.

## XXVII.

Les grands hommes s'abatent et se demontent à la fin par la longueur de leurs infortunes : cela fait bien voir qu'ils n'estoient pas forts quand ils les suportoient, mais seulement qu'ils se donnoient la gesne pour le paroistre, et qu'ils soûtenoient leurs mal-heurs par la force de leur ambition, et non pas par celle de leur ame ; enfin, à une grande vanité prés, les Heros sont faits comme les autres hommes.

## XXVIII.

Il faut de plus grandes vertus et en plus grand nombre pour soûtenir la bonne fortune que la mauvaise.

## XXIX.

Le Soleil ny la mort ne se peuvent regarder fixement.

## XXX.

Quoy que toutes les passions se deussent cacher, elles ne craignent pas neantmoins le jour : la seule envie est une passion timide et honteuse qu'on n'ose jamais avoüer.

## XXXI.

La jalousie est raisonnable et juste en quelque maniere, puis qu'elle ne cherche qu'à conserver un bien qui nous apartient ou que nous croyons nous apartenir; au lieu que l'envie est une fureur qui nous fait toûjours souhaitter la ruine du bien des autres.

## XXXII.

Le mal que nous faisons ne nous attire point tant de persecution et de haine que les bonnes qualitez que nous avons.

## XXXIII.

Tout le monde trouve à redire en autruy ce qu'on trouve à redire en luy.

## XXXIV.

Si nous n'avions point de defauts, nous ne serions pas si aises d'en remarquer aux autres.

## XXXV.

La jalousie ne subsiste que dans les doutes,
l'incertitude est sa matiere : c'est une passion qui
cherche tous les jours de nouveaux sujets d'in-
quietude et de nouveaux tourmens. On cesse
d'estre jaloux dés que l'on est éclaircy de ce qui
causoit la jalousie.

## XXXVI.

L'orgueil se dedommage toûjours, et il ne
pert rien, lors mesme qu'il renonce à la vanité.

## XXXVII.

L'orgueil, comme lassé de ses artifices et de ses
differentes Metamorphoses, apres avoir joüé tout
seul tous les personnages de la Comedie hu-

maine, se montre avec un visage naturel, et se
découvre par la fierté : de sorte qu'à proprement
parler, la fierté est l'éclat et la declaration de
l'orgueil.

## XXXVIII.

Si nous n'avions point d'orgueil, nous ne nous
plaindrions pas de celuy des autres.

## XXXIX.

L'orgueil est égal dans tous les hommes, et il
n'y a de difference qu'aux moyens et à la maniere de le mettre au jour.

## XL.

La nature, qui a si sagement pourveu à la vie
de l'homme par la disposition admirable des organes du corps, luy a sans doute donné l'orgueil
pour luy épargner la douleur de connoistre ses
imperfections et ses miseres.

## XLI.

L'orgueil a bien plus de part que la bonté aux

remonstrances que nous faisons à ceux qui commettent des fautes, et nous les reprenons bien moins pour les en corriger que pour les persuader que nous en sommes exempts.

## XLII.

Nous promettons selon nos esperances, et nous tenons selon nos craintes.

## XLIII.

L'interest parle toutes sortes de langues, et jouë toutes sortes de personnages, et mesme celuy de desinteressé.

## XLIV.

L'interest, à qui on reproche d'aveugler les uns, est tout ce qui fait la lumiere des autres.

## XLV.

Ceux qui s'appliquent trop aux petites choses deviennent ordinairement incapables des grandes.

## XLVI.

Nous n'avons pas assez de force pour suivre toute nostre raison.

## XLVII.

L'homme est conduit lors qu'il croit se conduire, et, pendant que par son esprit il vise à un endroit, son cœur l'achemine insensiblement à un autre.

## XLVIII.

Nous ne nous apercevons que des emportemens et des mouvemens extraordinaires de nos humeurs et de nostre temperament, comme de la violence de la colere; mais personne quasi ne s'aperçoit que ces humeurs ont un cours ordinaire et reglé, qui meut et tourne doucement et imperceptiblement nostre volonté à des actions diferentes : elles roulent ensemble, s'il faut ainsi dire, et exercent successivement un empire secret en nous mesme; de sorte qu'elles ont une part considerable en toutes nos actions, sans que nous le puissions reconnoistre.

### XLIX.

La force et la foiblesse de l'esprit sont mal nommées; elles ne sont, en effet, que la bonne ou la mauvaise disposition des organes du corps.

### L.

Le caprice de nostre humeur est encore plus bizarre que celuy de la fortune.

### LI.

La complexion qui fait le talent pour les petites choses est contraire à celle qu'il faut pour le talent des grandes.

### LII.

L'attachement ou l'indiferance pour la vie sont des gousts de l'amour propre, dont on ne doit non plus disputer que de ceux de la langue, ou du choix des couleurs.

### LIII.

C'est une espece de bonheur de connoistre jusques à quel point on doit estre mal-heureux.

### LIV.

La felicité est dans le goust, et non pas dans les choses; et c'est par avoir ce qu'on aime qu'on est heureux, et non pas par avoir ce que les autres trouvent aimable.

### LV.

Quand on ne trouve pas son repos en soy-mesme, il est inutile de le chercher ailleurs.

### LVI.

On n'est jamais si heureux ny si mal-heureux que l'on pense.

### LVII.

Ceux qui se sentent du merite se picquent

toûjours d'estre malheureux, pour persuader aux autres et à eux-mesmes qu'ils sont au dessus de leurs malheurs, et qu'ils sont dignes d'estre en butte à la fortune.

## LVIII.·

Rien ne doit tant diminuer la satisfaction que nous avons de nous-mesmes que de voir que nous avons esté contens dans l'estat et dans les sentimens que nous desaprouvons à cette heure.

## LIX.

On n'est jamais si malheureux qu'on croit, n'y si heureux qu'on avoit esperé.

## LX.

On se console souvent d'estre malheureux par un certain plaisir qu'on trouve à le paroistre.

## LXI.

Quelque diference qu'il y ait entre les fortunes,

il y a pourtant une certaine proportion de biens
et de maux qui les rend égales.

## LXII.

Quelques grands avantages que la nature donne,
ce n'est pas elle, mais la fortune, qui fait les
Heros.

## LXIII.

Le mépris des richesses dans les Philosophes
estoit un desir caché de venger leur merite de
l'injustice de la fortune, par le mépris des mesmes
biens dont elle les privoit : c'estoit un secret
qu'ils avoient trouvé pour se dédommager de
l'avilissement de la pauvreté; c'estoit enfin un
chemin detourné pour aller à la consideration
qu'ils ne pouvoient avoir par les richesses.

## LXIV.

La haine qu'on a pour les Favoris n'est autre
chose que l'amour de la faveur. Le dépit de ne la
pas posseder se console et s'adoucit un peu par
le mépris de ceux qui la possedent ; c'est enfin

une secrette envie de la destruire, qui fait que nous leur ostons nos propres hommages, ne pouvant pas leur oster ce qui leur attire ceux de tout le monde.

## LX V.

Pour s'établir dans le monde, on fait tout ce que l'on peut pour y paroistre étably.

## LXVI.

Quoy que la grandeur des Ministres se flatte de celle de leurs actions, elles sont bien souvent les effets du hazard ou de quelque petit dessein.

## LXVII.

Il semble que nos actions ayent des estoilles heureuses ou malheureuses, aussi bien que nous, d'où dépand une grande partie de la loüange et du blâme qu'on leur donne.

## LXVIII.

Il n'y a point d'accidens si malheureux dont

les habiles gens ne tirent quelque avantage, ny
de si heureux que les imprudens ne puissent
tourner à leur prejudice.

## LXIX.

La fortune ne laisse rien perdre pour les
hommes heureux.

## LXX.

Il faudroit pouvoir respondre de sa fortune
pour pouvoir respondre de ce que l'on fera.

## LXXI.

La sincerité est une naturelle ouverture de
cœur. On la trouve en fort peu de gens, et celle
qui se pratique d'ordinaire n'est qu'une fine dis-
simulation pour arriver à la confiance des autres.

## LXXII.

L'aversion du mensonge est une imperceptible
ambition de rendre nos témoignages conside-

rables, et d'attirer à nos paroles un respect de religion.

### LXXIII.

La verité ne fait pas tant de bien dans le monde que les apparences de la verité font de mal.

### LXXIV.

Comment peut-on répondre de ce qu'on voudra à l'avenir, puis que l'on ne sçait pas precisement ce que l'on veut dans le temps present?

### LXXV.

On éleve la Prudence jusqu'au Ciel, et il n'est sorte d'éloge qu'on ne luy donne; elle est la reigle de nos actions et de nostre conduite; elle est la maistresse de la fortune; elle fait le destin des Empires; sans elle, on a tous les maux; avec elle, on a tous les biens; et comme disoit autrefois un Poëte, quand nous avons la Prudence, il ne nous manque aucune Divinité, pour dire que nous trouvons dans la Prudence tout le secours que nous demandons aux Dieux. Cependant la Prudence la plus consommée ne sçauroit nous asseurer du plus petit effet du monde, parce que, travaillant sur une matiere aussi changeante et aussi inconnuë qu'est l'homme, elle ne peut executer seurement aucun de ses projets : d'où il faut conclure que toutes les loüanges dont nous flattons nostre Prudence ne sont que des effets de nostre amour propre, qui s'applaudit en toutes choses et en toutes rencontres.

## LXXVI.

Un habille homme doit sçavoir regler le rang de ses interests, et les conduire chacun dans son ordre : nostre avidité le trouble souvent, en nous faisant courir à tant de choses à la fois que, pour desirer trop les moins importantes, nous ne les faisons pas assez servir à obtenir les plus considerables.

## LXXVII.

L'amour est à l'ame de celuy qui aime ce que l'ame est au corps qu'elle anime.

## LXXVIII.

Il est malaisé de definir l'amour : tout ce qu'on

peut dire est que, dans l'ame, c'est une passion de regner; dans les esprits, c'est une simpathie, et dans le corps, ce n'est qu'une envie cachée et delicate de joüir de ce que l'on aime apres beaucoup de mysteres.

### LXXIX.

Il n'y a point d'amour pur et exempt du meslange de nos autres passions que celuy qui est caché au fonds du cœur, et que nous ignorons nous-mesmes.

### LXXX.

Il n'y a point de déguisement qui puisse long temps cacher l'amour où il est, ny le feindre ou il n'est-pas.

### LXXXI.

Comme on n'est jamais en liberté d'aimer ou de cesser d'aimer, l'amant ne peut se plaindre avec justice de l'inconstance de sa Maistresse, ny elle de la legereté de son Amant.

### LXXXII.

Si on juge de l'amour par la pluspart de ses

effets, il ressemble plus à la haine qu'à l'amitié.

## LXXXIII.

On peut trouver des femmes qui n'ont jamais fait de galanterie, mais il est rare d'en trouver qui n'en ayent jamais fait qu'une.

## LXXXIV.

Il n'y a que d'une sorte d'amour, mais il y en a mille differentes copies.

## LXXXV.

L'amour, aussi bien que le feu, ne peut subsister sans un mouvement continuel, et il cesse de vivre dés qu'il cesse d'esperer ou de craindre.

## LXXXVI.

Il est de l'amour comme de l'aparition des

esprits : tout le monde en parle, mais peu de gens en ont vû.

### LXXXVII.

L'amour preste son nom à un nombre infini de commerces qu'on luy attribuë, où il n'a non plus de part que le Doge en a à ce qui se fait à Venise.

### LXXXVIII.

La justice n'est qu'une vive aprehension qu'on ne nous oste ce qui nous appartient ; de là vient cette consideration et ce respect pour tous les interests du prochain, et cette scrupuleuse application à ne luy faire aucun prejudice. Cette crainte retient l'homme dans les bornes des biens que la naissance ou la fortune luy ont donnez ; et sans cette crainte, il feroit des courses continuelles sur les autres.

### LXXXIX.

La justice, dans les juges qui sont moderez, n'est que l'amour de leur élevation.

## LXXXX.

On blâme l'injustice, non pas par l'aversion que l'on a pour elle, mais pour le prejudice que l'on en reçoit.

## LXXXXI.

L'amour de la justice n'est que la crainte de souffrir l'injustice.

## LXXXXII.

Le silence est le party le plus seur de celuy qui se deffie de soy-mesme.

## LXXXXIII.

Ce qui rend nos inclinations si legeres et si changeantes, c'est qu'il est aisé de connoistre les qualitez de l'esprit, et difficile de connoistre celles de l'ame.

## LXXXXIV.

L'amitié la plus desinteressée n'est qu'un tra-

fic, où nostre amour propre se propose toûjours
quelque chose à gaigner.

## LXXXXV.

La reconciliation avec nos ennemis qui se fait
au nom de la sincerité, de la douceur et de la
tendresse, n'est qu'un desir de rendre sa condition meilleure, une lassitude de la guerre, et une
crainte de quelque mauvais évenement.

## LXXXXVI.

Quand nous sommes las d'aimer, nous sommes
bien aises que l'on devienne infidelle, pour nous
dégager de nostre fidelité.

## LXXXXVII.

Le premier mouvement de joye que nous avons
du bonheur de nos Amis ne vient ny de la bonté
de nostre naturel, ny de l'amitié que nous avons
pour eux : c'est un effet de l'amour propre, qui
nous flatte de l'esperance d'estre heureux à

nostre tour, ou de retirer quelque utilité de leur bonne fortune.

## LXXXXVIII.

Nous nous persuadons souvent mal à propos d'aimer les gens plus puissants que nous; l'interest seul produit nostre amitié, et nous ne nous donnons pas à eux pour le bien que nous leur voulons faire, mais pour celuy que nous en voulons recevoir.

## LXXXXIX.

Dans l'adversité de nos meilleurs amis, nous trouvons toûjours quelque chose qui ne nous déplaist pas.

## C.

Comment pretendons nous qu'un autre garde nostre secret, si nous n'avons pas pû le garder nous mesmes ?

## CI.

Comme si ce n'estoit pas assez à l'amour

propre d'avoir la vertu de se transformer luy-
mesme, il a encore celle de transformer les objets,
ce qu'il fait d'une maniere fort estonnante : car
non seulement il les déguise si bien qu'il y est
luymesme trompé, mais il change aussi l'estat et
la nature des choses. En effet, lors qu'une personne nous est contraire, et qu'elle tourne sa
haine et sa persecution contre nous, c'est avec
toute la severité de la justice que l'amour propre
juge ses actions ; il donne à ses deffauts une
étenduë qui les rend énormes, et il met ses bonnes qualités dans un jour si desadvantageux
qu'elles deviennent plus dégoustantes que ses
deffauts. Cependant, dés que cette mesme personne nous devient favorable, ou que quelqu'un
de nos interests la reconcilie avec nous, nostre
seule satisfaction rend aussitost à son merite le
lustre que nostre aversion venoit de luy oster.
Les mauvaises qualitez s'effacent, et les bonnes
paroissent avec plus d'avantage qu'auparavant ;
nous rapellons mesme toute nostre indulgence
pour la forcer à justifier la guerre qu'elle nous
a faite. Quoy que toutes les passions monstrent
cette verité, l'amour la fait voir plus clairement
que les autres : car nous voyons un amoureux,
agité de la rage ou l'a mis l'oubli ou l'infidelité
de ce qu'il aime, mediter pour sa vengeance tout
ce que cette passion inspire de plus violent.

Neantmoins, aussitost que sa veuë a calmé la fureur de ses mouvemens, son ravissement rend
cette beauté innocente, il n'accuse plus que luy-
mesme; il condamne ses condamnations, et,
par cette vertu miraculeuse de l'amour propre,
il oste la noirceur aux mauvaises actions de
sa maistresse, et en separe le crime pour s'en
charger luy-mesme.

## CII.

L'aveuglement des hommes est le plus dangereux effet de leur orgueil : il sert à le nourir et
à l'augmenter, et nous oste la connoissance des
remedes qui pourroient soulager nos miseres
et nous guerir de nos defauts.

## CIII.

On n'a plus de raison quand on n'espere plus
d'en trouver aux autres.

## CIV.

On a autant de sujet de se plaindre de ceux
qui nous aprennent à nous connoistre nous

mesme qu'en eut ce fou d'Athenes de se plaindre du Medecin qui l'avoit guery de l'opinion
d'estre riche.

### CV.

Les Philosophes, et Seneque sur tous, n'ont
point osté les crimes par leurs preceptes ; ils
n'ont fait que les employer au bastiment de
l'orgueil.

### CVI.

Les Vieillards aiment à donner de bons preceptes, pour se consoler de n'estre plus en estat
de donner de mauvais exemples.

### CVII.

Le Jugement n'est autre chose que la grandeur
de la lumiere de l'esprit ; son estenduë est la mesure de sa lumiere ; sa profondeur est celle qui
penetre le fonds des choses ; son discernement les
compare et les distingue ; sa justesse ne voit que
ce qu'il faut voir ; sa droiture les prend toûjours
par le bon biais ; sa delicatesse aperçoit celles qui
paroissent imperceptibles, et le jugement decide

ce que les choses sont. Si on l'examine bien, on trouvera que toutes ces qualitez ne sont autre chose que la grandeur de l'esprit, lequel, voyant tout, rencontre dans la plenitude de ses lumieres tous les avantages dont nous venons de parler.

## C V I I I.

Chacun dit du bien de son cœur, et personne n'en ose dire de son esprit.

## C I X.

La politesse de l'esprit est un tour par lequel il pense toûjours des choses honnestes et delicates.

## C X.

La galanterie de l'esprit est un tour de l'esprit par lequel il entre dans les choses les plus flatteuses, c'est à dire celles qui sont le plus capables de plaire aux autres.

## C X I.

Il y a des jolies choses que l'esprit ne cherche

point, et qu'il trouve toutes achevées en luy-
mesme : il semble qu'elles y soient cachées,
comme l'or et les diamans dans le sein de la
terre.

## CXII.

L'esprit est toûjours la dupe du cœur.

## CXIII.

Bien des gens connoissent leur esprit, qui ne
connoissent pas leur cœur.

## CXIV.

Toutes les grandes choses ont leur point de
perspective comme les statuës. Il y en a qu'il
faut voir de prés pour en bien juger, et il y en a
d'autres dont on ne juge jamais si bien que quand
on en est éloigné.

## CXV.

Celuy là n'est pas raisonnable à qui le hazard
fait trouver la raison, mais celuy qui la connoist,
qui la discerne et qui la gouste.

## CXVI.

Pour bien sçavoir les choses, il en faut sçavoir le détail, et, comme il est presque infiny, nos connoissances sont toûjours superficielles et imparfaites.

## CXVII.

Il n'y a point de plaisir qu'on fasse plus volontiers à un amy que celuy de luy donner conseil.

## CXVIII.

Rien n'est plus divertissant que de voir deux hommes assemblez, l'un pour demander conseil, et l'autre pour le donner. L'un paroist avec une deference respectueuse et dit qu'il vient recevoir des instructions pour sa conduite, et son dessein le plus souvent est de faire aprouver ses sentimens et de rendre celuy qu'il vient consulter garant de l'affaire qu'il luy propose. Celuy qui conseille paye d'abord la confiance de son amy des marques d'un zele ardent et desinteressé, et il cherche en mesme temps dans ses propres interests des regles de conseiller, de

sorte que son conseil luy est bien plus propre
qu'à celuy qui le reçoit.

## CXIX.

On est au desespoir d'estre trompé par ses
ennemis et trahy par ses amis, et on est souvent
satisfait de l'estre par soy-mesme.

## CXX.

Il est aussi aisé de se tromper sans s'en apper-
cevoir qu'il est difficile de tromper les autres
sans qu'ils s'en aperçoivent.

## CXXI.

La plus deliée de toutes les finesses est de sçavoir bien faire semblant de tomber dans les
pieges que l'on nous tend : on n'est jamais si aisément trompé que quand on songe à tromper
les autres.

## CXXII.

L'intention de ne jamais tromper nous expose
à estre souvent trompez.

## CXXIII.

La coûtume que nous avons de nous déguiser aux autres pour acquerir leur estime fait qu'enfin nous nous déguisons à nous-mesmes.

## CXXIV.

L'on fait plus souvent des trahisons par foiblesse que par un dessein formé de trahir.

## CXXV.

On fait souvent du bien pour pouvoir faire du mal impunement.

## CXXVI.

Les plus habiles affectent toute leur vie d'éviter les finesses, pour s'en servir en quelque grande occasion et pour quelque grand interest.

## CXXVII.

L'usage ordinaire de la finesse est l'effet d'un

petit esprit, et il arrive quasi toûjours que celuy
qui s'en sert pour se couvrir en un endroit se
decouvre en un autre.

## CXXVIII.

Si on estoit toujours assez habile, on ne feroit
jamais de finesses ny de trahisons.

## CXXIX.

On est fort sujet à estre trompé quand on croit
estre plus fin que les autres.

## CXXX.

La subtilité est une fausse delicatesse, et la
delicatesse est une solide subtilité.

## CXXXI.

C'est quelquefois assez d'estre grossier pour
n'estre pas trompé par un habile homme.

## CXXXII.

Les plus sages le sont dans les choses indiffe-
rentes, mais ils ne le sont presque jamais dans
leurs plus serieuses affaires.

## CXXXIII.

Il est plus aisé d'estre sage pour les autres que
de l'estre assez pour soy-mesme.

## CXXXIV.

La plus subtile folie se fait de la plus subtile
sagesse.

## CXXXV.

La sobrieté est l'amour de la santé ou l'impuissance de manger beaucoup.

## CXXXVI.

On n'est jamais si ridicule par les qualitez que
l'on a que par celles que l'on affecte d'avoir.

## CXXXVII.

Chaque homme se trouve quelquefois aussi different de luymesme qu'il l'est des autres.

## CXXXVIII.

Chaque talent dans les hommes, de mesme que chaque arbre, a ses proprietez et ses effets, qui luy sont tous particuliers.

## CXXXIX.

Quand la vanité ne fait point parler, on n'a pas envie de dire grand-chose.

## CXL.

On ayme mieux dire du mal de soy que de n'en point parler.

## CXLI.

Une des choses qui fait que l'on trouve si peu

de gens qui paroissent raisonnables et agreables dans la conversation, c'est qu'il n'y a quasi personne qui ne pense plûtost à ce qu'il veut dire qu'à respondre precisement à ce qu'on luy dit, et que les plus habiles et les plus complaisans se contentent de montrer seulement une mine attentive, au mesme temps que l'on voit dans leurs yeux et dans leur esprit un égarement pour ce qu'on leur dit, et une precipitation pour retourner à ce qu'ils veulent dire, au lieu de considerer que c'est un mauvais moyen de plaire aux autres ou de les persuader que de chercher si fort à se plaire à soymesme, et que bien écouter et bien répondre est une des plus grandes perfections qu'on puisse avoir dans la conversation.

## CXLII.

Un homme d'esprit seroit souvent bien embarassé sans la compagnie des sots.

## CXLIII.

On se vante souvent mal à propos de ne se point ennuyer, et l'homme est si glorieux qu'il ne veut pas se trouver de mauvaise compagnie.

## CXLIV.

On n'oublie jamais mieux les choses que quand on s'est lassé d'en parler.

## CXLV.

Comme c'est le caractere des grands esprits de faire entendre avec peu de paroles beaucoup de choses, les petits esprits, en revanche, ont le don de beaucoup parler et de ne dire rien.

## CXLVI.

C'est plûtost par l'estime de nos sentimens que nous exagerons les bonnes qualitez des autres que par leur merite, et nous nous loüons en effet lors qu'il semble que nous leur donnons des loüanges.

## CXLVII.

La modestie qui semble refuser les loüanges n'est en effet qu'un desir d'en avoir de plus delicates.

## CXLVIII.

On n'aime point à loüer, et on ne loüe jamais personne sans interest. La loüange est une flatterie habile, cachée et delicatte, qui satisfait differemment celuy qui la donne et celuy qui la reçoit : l'un la prend comme une recompense de son merite, l'autre la donne pour faire remarquer son équité et son discernement.

## CXLIX.

Nous choisissons souvent des loüanges empoisonnées qui font voir par contrecoup, en ceux que nous loüons, des defauts que nous n'osons decouvrir autrement.

## CL.

On ne loüe que pour estre loüé.

## CLI.

On ne blâme le vice et on ne loüe la vertu que par interest.

## CLII.

Peu de gens sont assez sages pour aimer mieux le blâme qui leur sert que la loüange qui les trahit.

## CLIII.

Il y a des reproches qui loüent, et des loüanges qui médisent.

## CLIV.

Le refus des loüanges est un desir d'estre loüé deux fois.

## CLV.

La loüange qu'on nous donne sert au moins à nous fixer dans la pratique des vertus.

## CLVI.

L'aprobation que l'on donne à l'esprit, à la beauté et à la valeur, les augmente, les perfectionne, et leur fait faire de plus grands effets qu'ils n'auroient esté capables de faire d'eux-mesmes.

## CLVII.

L'amour propre empesche bien que celuy qui nous flatte ne soit jamais celuy qui nous flatte le plus.

## CLVIII.

Si nous ne nous flattions point nous-mesmes, la flatterie des autres ne nous feroit jamais de mal.

## CLIX.

On ne fait point de distinction dans les especes de coleres, bien qu'il y en ait une legere et quasi innocente qui vient de l'ardeur de la complexion, et une autre tres-criminelle, qui est à proprement parler la fureur de l'orgueil.

## CLX.

La nature fait le merite, et la fortune le met en œuvre.

10

## CLXI.

Les grandes ames ne sont pas celles qui ont moins de passions et plus de vertu que les ames communes, mais celles seulement qui ont de plus grands desseins.

## CLXII.

Comme il y a de bonnes viandes qui affadissent le cœur, il y a un merite fade, et des personnes qui dégoûtent avec des qualitez bonnes et inestimables.

## CLXIII.

Il y a des gens dont le merite consiste à dire et à faire des sottises utilement, et qui gasteroient tout s'ils changeoient de conduite.

## CLXIV.

L'art de sçavoir bien mettre en œuvre de mediocres qualitez donne souvent plus de reputation que le veritable merite.

## CLXV.

Les Roys font des hommes comme des pieces de monnoye : ils les font valoir ce qu'ils veulent, et l'on est forcé de les recevoir selon leur cours, et non pas selon leur veritable prix.

## CLXVI.

Ce n'est pas assez d'avoir de grandes qualitez, il en faut avoir l'œconomie.

## CLXVII.

On se méconte toûjours dans le jugement que l'on fait de nos actions, quand elles sont plus grandes que nos desseins.

## CLXVIII.

Il faut une certaine proportion entre les actions et les desseins, si on en veut tirer tous les effets qu'elles peuvent produire.

### CLXIX.

La gloire des grands hommes se doit mesurer
aux moyens qu'ils ont eus pour l'acquerir.

### CLXX.

Il y a une infinité de conduites qui ont un ridicule aparant, et qui sont, dans leurs raisons
cachées, tressages et tressolides.

### CLXXI.

Il est plus aisé de paroistre digne des emplois
qu'on n'a pas que de ceux qu'on exerce.

### CLXXII.

Nostre merite nous attire l'estime des honnestes gens, et nostre estoille celle du public.

### CLXXIII.

Le monde recompense plus souvent les apparences du merite que le merite mesme.

## CLXXIV.

La ferocité naturelle fait moins de cruels que l'amour propre.

## CLXXV.

L'esperance, toute trompeuse qu'elle est, sert au moins à nous mener à la fin de la vie par un chemin agreable.

## CLXXVI.

On peut dire de toutes nos vertus ce qu'un Poëte Italien a dit de l'honnesteté des femmes, que ce n'est souvent autre chose qu'un art de paroistre honneste.

## CLXXVII.

Pendant que la paresse et la timidité ont seules le merite de nous tenir dans nostre devoir, nostre vertu en a tout l'honneur.

## CLXXVIII.

Il n'y a personne qui sçache si un procedé net, sincere et honneste est plûtost un effet de probité que d'habileté.

## CLXXIX.

Ce que le monde nomme vertu n'est d'ordinaire qu'un fantosme formé par nos passions, à qui on donne un nom honneste pour faire impunement ce qu'on veut.

## CLXXX.

Toutes les vertus se perdent dans l'interest comme les fleuves se perdent dans la Mer.

## CLXXXI.

Nous sommes preocupez de telle sorte en nostre faveur que ce que nous prenons souvent pour des vertus n'est en effet qu'un nombre de

vices qui leur ressemblent, et que l'orgueil et
l'amour propre nous ont déguisez.

## CLXXXII.

La curiosité n'est pas, comme l'on croit, un
simple amour de la nouveauté : il y en a une
d'interest, qui fait que nous voulons sçavoir les
choses pour nous en prevaloir ; il y en a une
autre d'orgueil, qui nous donne envie d'estre au
dessus de ceux qui ignorent les choses, et de
n'estre pas au dessous de ceux qui les sçavent.

## CLXXXIII.

Il vaut mieux employer son esprit à supporter
les infortunes qui arrivent qu'à penetrer celles
qui peuvent arriver.

## CLXXXIV.

La constance en amour est une inconstance
perpetuelle, qui fait que nostre cœur s'attache
successivement à toutes les qualitez de la personne que nous aimons, donnant tantost la pre-
ference à l'une, tantost à l'autre : de sorte que

cette constance n'est qu'une inconstance arestée et renfermée dans un mesme sujet.

## CLXXXV.

Il y a deux sortes de constance en amour : l'une vient de ce que l'on trouve sans cesse dans la personne que l'on aime (comme dans une source inepuisable) de nouveaux sujets d'aimer, et l'autre vient de ce qu'on se fait un honneur de tenir sa parolle.

## CLXXXVI.

La perseverance n'est digne ny de blâme, ny de loüange, parce qu'elle n'est que la durée des gousts et des sentimens, qu'on ne s'oste et qu'on ne se donne point.

## CLXXXVII.

Ce qui nous fait aimer les connoissances nouvelles n'est pas tant la lassitude que nous avons des vieilles, ou le plaisir de changer, que le dégoust que nous avons de n'estre pas assez admirez de ceux qui nous connoissent trop, et l'es-

perance que nous avons de l'estre davantage de
ceux qui ne nous connoissent gueres.

### CLXXXVIII.

Nous nous plaignons quelquefois legerement
de nos amis pour justifier par avance nostre legereté.

### CLXXXIX.

Nostre repentir n'est pas une douleur du mal
que nous avons fait, c'est une crainte de celuy
qui nous en peut arriver.

### CLXXXX.

Il y a une inconstance qui vient de la legereté
de l'esprit, qui change à tout moment d'opinion,
ou de sa foiblesse, qui luy fait recevoir toutes les
opinions d'autruy; il y en a une autre, qui est
plus excusable, qui vient de la fin du goust des
choses.

### CLXXXXI.

Les vices entrent dans la composition des ver-

tus, comme les poisons entrent dans la composition des remedes de la medecine : la prudence
les assemble et les tempere, et elle s'en sert utilement contre les maux de la vie.

## CLXXXXII.

Il y a des crimes qui deviennent innocens, et
mesme glorieux, par leur éclat, leur nombre et
leur excez : de là vient que les voleries publiques
sont des habiletez, et que prendre des Provinces
injustement s'appelle faire des conquestes.

## CLXXXXIII.

Nous avoüons nos deffauts affin qu'en donnant bonne opinion de la justice de nostre esprit,
nous reparions le tort qu'ils nous ont fait dans
l'esprit des autres.

## CLXXXXIV.

Il y a des Heros en mal comme en bien.

## CLXXXXV.

On peut haïr et mépriser les vices sans haïr
ny mépriser les vicieux, mais on a tousjours du
mespris pour ceux qui manquent de vertu.

## CLXXXXVI.

Le nom de la vertu sert à l'interest aussi utilement que les vices.

## CLXXXXVII.

La santé de l'ame n'est pas plus asseurée que
celle du corps, et, quoy que l'on paroisse éloigné
des passions, on n'y est pas moins exposé qu'à
tomber malade quand on se porte bien.

## CLXXXXVIII.

Il n'appartient qu'aux grands hommes d'avoir
de grands deffauts.

## CLXXXXIX.

La nature a prescrit à chaque homme, dés sa naissance, des bornes pour les vertus et pour les vices.

## CC.

Nous n'avoüons jamais nos deffauts que par vanité.

## CCI.

On ne trouve point dans l'homme le bien ny le mal dans l'excés.

## CCII.

On pouroit dire que les vices nous attendent dans le cours de la vie, comme des hostes chez lesquels il faut successivement loger, et je doute que l'experience nous les fist éviter s'il nous estoit permis de faire deux fois le mesme chemin.

## CCIII.

Quand les **vices** nous quittent, nous voulons nous flater que c'est nous qui les quittons.

## CCIV.

Il y a des recheutes dans les maladies de l'ame comme dans celles du corps ; ce que nous prenons pour nostre guerison n'est, le plus souvent, qu'un relâche ou un changement de mal.

## CCV.

Les deffauts de l'ame sont comme les blessures du corps : quelque soin qu'on prenne de les guerir, la **cicatrice** paroist toûjours, et elles sont à tout moment en danger de se r'ouvrir.

## CCVI.

Ce qui nous empesche souvent de nous abandonner à un seul vice est que nous en avons plusieurs.

### CCVII.

Quand il n'y a que nous qui sçavons nos crimes, ils sont bientost oubliez.

### CCVIII.

Ceux qui sont incapables de commettre de grands crimes n'en soupçonnent pas facilement les autres.

### CCIX.

Il y a des gens de qui l'on peut ne jamais croire de mal sans l'avoir vû; mais il n'y en a point en qui il nous doive surprendre en le voyant.

### CCX.

Le desir de paroistre habile empesche souvent de le devenir.

### CCXI.

La vertu n'iroit pas loing si la vanité ne luy tenoit compagnie.

## CCXII.

Celuy qui croit pouvoir trouver en soy-mesme dequoy se passer de tout le monde se trompe fort; mais celuy qui croit qu'on ne peut se passer de luy se trompe encore davantage.

## CCXIII.

La pompe des enterremens regarde plus la vanité des vivans que l'honneur des morts.

## CCXIV.

Les faux honnestes gens sont ceux qui déguisent la coruption de leur cœur aux autres et à eux mesmes; les vrais honnestes gens sont ceux qui la connoissent parfaitement et la confessent aux autres.

## CCXV.

Le vray honneste homme est celuy qui ne se pique de rien.

## CCXVI.

La severité des femmes est un ajustement et un fard qu'elles ajoûtent à leur beauté; c'est un atraict fin et delicat, et une douceur deguisée.

## CCXVII.

L'honnesteté des femmes est l'amour de leur reputation et de leur repos.

## CCXVIII.

C'est estre veritablement honneste homme que de vouloir estre toûjours exposé à la veuë des honnestes gens.

## CCXIX.

La folie nous suit dans tous les temps de la vie. Si quelqu'un paroist sage, c'est seulement parce que ses folies sont proportionnées à son âge et à sa fortune.

## CCXX.

Il y a des gens niais qui se connoissent, et qui employent habilement leur niaiserie.

## CCXXI.

Qui vit sans folie n'est pas si sage qu'il croit.

## CCXXII.

En vieillissant, on devient plus fou et plus sage.

## CCXXIII.

Il y a des gens qui ressemblent aux vaudevilles, que tout le monde chante un certain temps, quelques fades et dégoutans qu'ils soient.

## CCXXIV.

La pluspart des gens ne voyent dans les

hommes que la vogue qu'ils ont, ou bien le merite de leur fortune.

### CCXXV.

Quelque incertitude et quelque varieté qui paroisse dans le monde, on y remarque neantmoins un certain enchaisnement secret, et un ordre reglé de tout temps par la Providence, qui fait que chaque chose marche en son rang et suit le cours de sa destinée.

### CCXXVI.

L'amour de la gloire, et plus encore la crainte de la honte, le dessein de faire fortune, le desir de rendre nostre vie commode et agreable, et l'envie d'abaisser les autres, font naistre cette valeur qui est si celebre parmy les hommes.

### CCXXVII.

La valeur, dans les simples soldats, est un mestier perilleux qu'ils ont pris pour gaigner leur vie.

## CCXXVIII.

La parfaite valeur et la poltronnerie complete
sont des extremitez où on arrive rarement. L'espace qui est entre les deux est vaste, et contient
toutes les autres especes de courage. Il n'y a pas
moins de difference entr'-eux qu'il y a entre les
visages et les humeurs; cependant ils conviennent
en beaucoup de choses. Il y a des hommes qui
s'exposent volontiers au commencement d'une
action, et qui se relachent et se rebutent aisément par sa durée. Il y en a qui sont assez contens quand ils ont satisfait à l'honneur du monde,
et qui font fort peu de choses au delà. On en
voit qui ne sont pas êgalement maistres de leur
peur; d'autres se laissent quelquefois entraisner
à des êpouvantes generales; d'autres vont à la
charge, pour n'oser demeurer dans leurs postes;
enfin il s'en trouve à qui l'habitude des moindres
perils affermit le courage et les prepare à s'exposer à de plus grands. Outre cela, il y a un raport general que l'on remarque entre tous les
courages de differentes especes dont nous venons de parler, qui est que la nuit, augmentant
la crainte et cachant les bonnes et les mauvaises
actions, leur donne la liberté de se menager. Il

y a encore un autre mênagement plus general, qui, à parler absolument, s'estend sur toute sorte d'hommes : c'est qu'il n'y en a point qui fassent tout ce qu'ils seroient capables de faire dans une occasion, s'ils avoient une certitude d'en revenir : de sorte que la crainte de la mort oste quelque chose à leur valeur et diminuë son effet.

## CCXXIX.

La pure valeur (s'il y en avoit) seroit de faire sans témoins ce qu'on est capable de faire devant le monde.

## CCXXX.

L'intrepidité est une force extraordinaire de l'ame, par laquelle elle empesche les troubles, les desordres et les êmotions que la veüe des grands perils a accoûtumé d'êlever en elle ; par cette force, les Heros se maintiennent en un estat paisible, et conservent l'usage libre de toutes leurs fonctions dans les accidens les plus terribles et les plus surprenans.

## CCXXXI.

L'intrepidité doit soûtenir le cœur dans les

conjurations, au lieu que la seule valeur luy fournit toute la fermeté qui luy est necessaire dans les perils de la guerre.

## CCXXXII.

Ceux qui voudroient definir la victoire par sa naissance seroient tentez, comme les Poëtes, de l'appeler la fille du Ciel, puis qu'on ne trouve point son origine sur la terre. En effet, elle est produite par une infinité d'actions qui, au lieu de l'avoir pour but, regardent seulement les interests particuliers de ceux qui les font, puis que tous ceux qui composent une armée, allant à leur propre gloire et à leur élevation, procurent un bien si grand et si general.

## CCXXXIII.

La pluspart des hommes s'exposent assez dans la guerre pour sauver leur honneur ; mais peu se veulent toûjours exposer autant qu'il est necessaire pour faire reüssir le dessein pour lequel ils s'exposent.

## CCXXXIV.

La vanité, la honte, et sur tout le temperament, font la valeur des hommes.

## CCXXXV.

On ne veut point perdre la vie, et on veut acquerir de la gloire: de là vient que les braves ont plus d'adresse et d'esprit pour êviter la mort que les gens de chicane pour conserver leur bien.

## CCXXXVI.

On ne peut rêpondre de son courage quand on n'a jamais esté dans le peril.

## CCXXXVII.

Il est de la reconnoissance comme de la bonne foy des marchands: elle soûtient le commerce, et nous ne payons pas pour la justice qu'il y a de nous aquiter, mais pour trouver plus facilement des gens qui nous prestent.

## CCXXXVIII.

Tous ceux qui s'acquitent des devoirs de la reconnoissance ne peuvent pas pour cela se flatter d'estre reconnoissans.

## CCXXXIX.

Ce qui fait tout le mêcompte dans la reconnoissance qu'on attend des graces qu'on a faites, c'est que l'orgueil de celuy qui donne et l'orgueil de celuy qui reçoit ne peuvent convenir du prix du bien fait.

## CCXL.

Le trop grand empressement qu'on a de s'acquiter d'une obligation est une espece d'ingratitude.

## CCXLI.

On donne plus souvent des bornes à sa reconnoissance qu'à ses desirs et à ses esperances.

## CCXLII.

L'orgueil ne veut pas devoir, et l'amour propre ne veut pas payer.

## CCXLIII.

Le bien qu'on nous a fait veut que nous respections le mal que l'on nous fait apres.

## CCXLIV.

Rien n'est si contagieux que l'exemple, et nous ne faisons jamais de grands biens ny de grands maux qui ne produisent infailliblement leurs pareils. Nous imitons les bonnes actions par l'émulation, et les mauvaises par la malignité de nostre nature, qui, estant retenuë en prison par la honte, est mise en liberté par l'exemple.

## CCXLV.

L'imitation est toûjours malheureuse, et tout

ce qui est contrefait dêplaist, avec les mesmes choses qui charment lors qu'elles sont naturelles.

## CCXLVI.

Quelque pretexte que nous donnions à nos afflictions, ce n'est que l'interest et la vanité qui les causent.

## CCXLVII.

Il y a une espece d'hypocrisie dans les afflictions, car, sous pretexte de pleurer la perte d'une personne qui nous est chere, nous nous pleurons nous mesmes. Nous pleurons la diminution de nostre bien, de nostre plaisir, de nostre consideration, en la personne que nous pleurons. De cette maniere, les morts ont l'honneur des larmes qui ne coulent que pour ceux qui les versent. J'ay dit que c'estoit une espece d'hypocrisie, parce que par elle l'homme se trompe seulement soy mesme. Il y en a une autre, qui n'est pas si innocente et qui impose à tout le monde : c'est l'affliction de certaines personnes qui aspirent à la gloire d'une belle et immortelle douleur ; car le temps, qui consume tout, l'ayant consumée, elles ne laissent pas d'opiniastrer leurs pleurs,

13

leurs plaintes et leurs soûpirs; elles prennent un personnage lugubre, et travaillent à persuader, par toutes leurs actions, qu'elles êgaleront la durée de tous leurs déplaisirs à leur propre vie. Cette triste et fatiguante vanité se trouve d'ordinaire dans les femmes ambitieuses, parce que, leur sexe leur fermant tous les chemins qui menent à la gloire, elles se jettent dans celuy-cy, et s'efforcent à se rendre celebres par la montre d'une inconsolable douleur. Il y a encore une autre espece de larmes qui n'ont que de petites sources, qui coulent facilement et qui s'écoulent aussitost : on pleure pour avoir la reputation d'estre tendre, on pleure pour estre pleint ou pour estre pleuré, et on pleure quelquefois de honte de ne pleurer pas.

## CCXLVIII.

Nous ne regrettons pas la perte de nos amis selon leur merite, mais selon nos besoins et selon l'opinion que nous croyons leur avoir donnée de ce que nous valons.

## CCXLIX.

Nous ne sommes pas dificiles à consoler des

disgraces de nos amis lors qu'elles servent à si-
gnaler la tendresse que nous avons pour eux.

## CCL.

Qui considerera superficiellement tous les effets
de la bonté qui nous fait sortir hors de nous
mesmes, et qui nous immole continuellement à
l'avantage de tout le monde, sera tenté de croire
que, lors qu'elle agit, l'amour propre s'oublie et
s'abandonne luy mesme, ou se laisse dépoüiller
et apauvrir sans s'en apercevoir; de sorte qu'il
semble que l'amour propre soit la dupe de la
bonté. Cependant c'est le plus utile de tous les
moyens dont l'amour propre se sert pour arriver
à ses fins; c'est un chemin dérobé, par où il re-
vient à luy mesme plus riche et plus abondant;
c'est un desinteressement qu'il met à une fu-
rieuse usure; c'est enfin un ressort delicat avec
lequel il reünit, il dispose et tourne tous les
hommes en sa faveur.

## CCLI.

Nul ne merite d'estre loüé de bonté, s'il n'a la
force et la hardiesse d'estre méchant : toute autre

bonté n'est le plus souvent qu'une paresse ou une impuissance de la mauvaise volonté.

## CCLII.

Il est bien mal-aisé de distinguer la bonté generalle et rêpandüe sur tout le monde de la grande habileté.

## CCLIII.

Il n'est pas si dangereux de faire du mal à la pluspart des hommes que de leur faire trop de bien.

## CCLIV.

Pour pouvoir estre toûjours bon, il faut que les autres croyent qu'ils ne peuvent jamais nous estre impunement mêchants.

## CCLV.

Rien ne nous plaist tant que la confiance des Grands et des personnes considerables par leurs emplois, par leur esprit ou par leur merite; elle

nous fait sentir un plaisir exquis, et êleve mer-
veilleusement nostre orgueil, parce que nous le
regardons comme un effet de nostre fidelité. Cependant, nous serions remplis de confusion si
nous considerions l'imperfection et la bassesse
de sa naissance, car elle vient de la vanité, de
l'envie de parler, et de l'impuissance de retenir
le secret : de sorte qu'on peut dire que la confiance est comme un relâchement de l'ame causé
par le nombre et par le poids des choses dont
elle est pleine.

### CCLVI.

La confiance de plaire est souvent un moyen
de déplaire infailliblement.

### CCLVII.

Nous ne croyons pas aisément ce qui est au
delà de ce que nous voyons.

### CCLVIII.

La confiance que l'on a en soy fait naistre la
plus grande partie de celle que l'on a aux autres.

## CCLIX.

La sobrieté est l'amour de la santé ou l'impuissance de manger beaucoup.

## CCLX.

La verité est le fondement et la raison de la perfection et de la beauté. Une chose, de quelque nature qu'elle soit, ne sçauroit estre belle et parfaite si elle n'est veritablement tout ce qu'elle doit estre, et si elle n'a tout ce qu'elle doit avoir.

## CCLXI.

On peut dire de l'agréement separé de la beauté que c'est une simetrie dont on ne sçait point les regles, et un rapport secret des traits ensemble, et des traits avec les couleurs et avec l'air de la personne.

## CCLXII.

Il y a de belles choses qui ont plus d'esclat

quand elles demeurent imparfaites que quand
elles sont trop achevées.

## CCLXIII.

La cocquetterie est le fonds et l'humeur de
toutes les femmes ; mais toutes ne coquettent
pas, parce que la coquetterie de quelques unes
est retenuë par leur temperament et par leur
raison.

## CCLXIV.

On incommode toûjours les autres quand on
croit ne les pouvoir jamais incommoder.

## CCLXV.

Il y a peu de choses impossibles d'elles mesmes,
et l'aplication pour les faire reüssir nous manque
bien plus que les moyens.

## CCLXVI.

La souveraine habileté consiste à bien connoistre le prix de chaque chose.

## CCLXVII.

Le plus grand art d'un habile homme est celuy
de sçavoir cacher son habileté.

## CCLXVIII.

La generosité est un industrieux employ du
desinteressement pour aller plustost à un plus
grand interest.

## CCLXIX.

La fidelité est une invention rare de l'amour
propre, par laquelle l'homme, s'erigeant en depo-
sitaire des choses pretieuses, se rend luy mesme
infiniment pretieux. De tous les trafics de
l'amour propre, c'est celuy où il fait le moins
d'avances et de plus grands profits : c'est un ra-
finement de sa politique, avec lequel il engage
les hommes par leurs biens, par leur honneur,
par leur liberté, et par leur vie, qu'ils sont forcez
de confier en quelques occasions à élever l'homme
fidelle au dessus de tout le monde.

## CCLXX.

La magnanimité méprise tout pour avoir tout.

## CCLXXI.

La magnanimité est un noble effort de l'orgueil, par lequel il rend l'homme maistre de luy mesme pour le rendre maistre de toutes choses.

## CCLXXII.

Il y a peu de choses impossibles d'ellesmesmes, et l'on trouve plus de voyes que l'on ne pense pour y arriver; et si nous avions assez d'aplication et de volonté, nous aurions tousjours assez de moyens.

## CCLXXIII.

La veritable éloquence consiste à dire tout ce qu'il faut et à ne dire que ce qu'il faut.

14

## CCLXXIV.

Il y a une éloquence dans les yeux et dans l'air de la personne qui ne persuade pas moins que celle de la parole.

## CCLXXV.

Il est aussi ordinaire de voir changer les gousts qu'il est rare de voir changer les inclinations.

## CCLXXVI.

L'interest donne toutes sortes de vertus et de vices.

## CCLXXVII.

L'humilité n'est souvent qu'une feinte soumission que nous employons pour soumettre effectivement tout le monde. C'est un mouvement de l'orgueil, par lequel il s'abaisse devant les hommes pour s'élever sur eux; c'est un déguisement, et son premier stratageme. Mais, quoy que ses changemens soient presque infinis, et qu'il soit ad-

mirable sous toutes sortes de figures, il faut
avoüer neantmoins qu'il n'est jamais si rare ny
si extraordinaire que lors qu'il se cache sous la
forme et sous l'habit de l'humilité : car alors on
le voit les yeux baissez, dans une contenance mo-
deste et reposée ; toutes ses paroles sont douces
et respectueuses, pleines d'estime pour les autres
et de dédain pour luy mesme. Si on l'en veut
croire, il est indigne de tous les honneurs, il n'est
capable d'aucun employ, il ne reçoit les charges
ou on l'éleve que comme un effet de la bonté
des hommes et de la faveur aveugle de la fortune. C'est l'orgueil qui joüe tous ces personnages que l'on prend pour l'humilité.

## CCLXXVIII.

Tous les sentimens ont chacun un ton de voix,
un geste et des mines, qui leur sont propres. Ce
raport, bon ou mauvais, fait les bons ou les mauvais Commediens, et c'est ce qui fait aussi que
les personnes plaisent ou déplaisent.

## CCLXXIX.

Dans toutes les Professions et dans tous les

Arts, chacun se fait une mine et un exterieur qu'il met en la place de la chose dont il veut' avoir le merite : de sorte que tout le monde n'est composé que de mines, et c'est inutillement que nous travaillons à y trouver rien de réel.

## CCLXXX.

La gravité est un mistere du corps inventé pour cacher les defauts de l'esprit.

## CCLXXXI.

Il y a des personnes à qui les defauts sient bien, et d'autres qui sont disgraciées avec leurs bonnes qualitez.

## CCLXXXII.

Le luxe et la trop grande politesse dans les Estats sont le presage asseuré de leur décadence, parce que, tous les particuliers s'attachant à leurs interests propres, ils se détournent du bien public.

## CCLXXXIII.

La civilité est une envie d'en recevoir. C'est aussi un desir d'estre estimé poly.

## CCLXXXIV.

L'education que l'on donne aux Princes est un second amour propre qu'on leur inspire.

## CCLXXXV.

Rien ne prouve tant que les Philosophes ne sont pas si persuadez qu'ils disent que la mort n'est pas un mal que le tourment qu'ils se donnent pour establir l'immortalité de leur nom par la perte de la vie.

## CCLXXXVI.

Il n'y a point de liberalité : ce n'est que la vanité de donner, que nous aimons mieux que ce que nous donnons.

## CCLXXXVII.

La pitié est un sentiment de nos propres maux dans un sujet étranger. C'est une prevoyance habile des malheurs où nous pouvons tomber, qui nous fait donner du secours aux autres, pour les engager à nous le rendre dans de semblables occasions; de sorte que les services que nous rendons à ceux qui en ont besoin sont, à proprement parler, des biens anticipez que nous nous faisons à nous mesmes.

## CCLXXXVIII.

La petitesse de l'esprit fait souvent l'opiniastreté, et nous ne croyons pas aisément ce qui est au delà de ce que nous voyons.

## CCLXXXIX.

On s'est trompé quand on a crû qu'il n'y avoit que les violentes passions, comme l'ambition et l'amour, qui pussent triompher des autres. La paresse, toute languissante qu'elle est, ne laisse

pas d'en estre souvent la maistresse : elle usurpe
sur tous les desseins et sur toutes les actions de
la vie; elle y détruit et y consomme insensiblement toutes les passions et toutes les vertus.

## CCLXXXX.

De toutes les passions celle qui est la plus in-
conuë à nous mesmes, c'est la paresse. Elle est
la plus ardente et la plus maligne de toutes,
quoy que sa violence soit insensible et que les
dommages qu'elle cause soient tres-cachez. Si
nous considerons attentivement son pouvoir,
nous verrons qu'elle se rend en toutes rencontres
maistresse de nos sentimens, de nos interests et
de nos plaisirs : c'est la remore qui a la force
d'arrester les plus grands vaisseaux; c'est une
bonace plus dangereuse aux plus importantes affaires que les écueils et que les plus grandes
tempestes. Le repos de la paresse est un charme
secret de l'ame qui suspend soudainement les
plus ardentes poursuittes et les plus opiniastres
resolutions. Pour donner enfin la veritable idée
de cette passion, il faut dire que la paresse est
comme une beatitude de l'ame qui la console de
toutes ses pertes et qui luy tient lieu de tous les
biens.

## CCLXXXXI.

La promptitude avec laquelle nous croyons le mal sans l'avoir assez examiné est un effet de la paresse et de l'orgueil. On veut trouver des coupables, et on ne veut pas se donner la peine d'examiner les crimes.

## CCLXXXXII.

Nous recusons tous les jours des Juges pour les plus petits interests, et nous faisons dépendre nostre gloire et nostre reputation, qui sont les plus grands biens du monde, du jugement des hommes, qui nous sont tous contraires, ou par leur jalousie, ou par leur malignité, ou par leur preocupation, ou par leur sottise; et c'est pour obtenir d'eux un arrest en nostre faveur que nous exposons nostre repos et nostre vie en cent manieres, et que nous la condamnons à une infinité de soucis, de peines et de travaux.

## CCLXXXXIII.

De plusieurs actions differentes que la Fortune

arrange comme il luy plaist, il s'en fait plusieurs vertus.

## CCLXXXXIV.

L'honneur acquis est caution de celuy qu'on doit acquerir.

## CCLXXXXV.

La jeunesse est une yvresse continuelle; c'est la fiévre de la santé, c'est la folie de la raison.

## CCLXXXXVI.

On aime bien à deviner les autres, mais l'on n'aime pas à estre deviné.

## CCLXXXXVII.

Il y a des gens qu'on aprouve dans le monde, qui n'ont pour tout merite que les vices qui servent au commerce de la vie.

## CCLXXXXVIII.

C'est une ennuyeuse maladie que de conserver
sa santé par un trop grand regime.

## CCLXXXXIX.

Le bon naturel qui se vante d'estre toûjours
sensible est, dans la moindre occasion, étoufé
par l'interest.

## CCC.

Il est moins impossible de prendre de l'amour
quand on n'en a pas que de s'en défaire quand
on en a.

## CCCI.

La plus part des femmes se rendent plûtost
par foiblesse que par passion. De là vient que
pour l'ordinaire les femmes entreprenantes reüs-
sissent mieux que les autres, quoy qu'elles ne
soient pas plus aimables.

## CCCII.

N'aymer guere en amour est un moyen asseuré pour estre aymé.

## CCCIII.

L'absence diminuë les mediocres passions et augmente les grandes, comme le vent êteint les bougies et alume le feu.

## CCCIV.

La sincerité que se demandent les Amants et les Maistresses, pour sçavoir l'un et l'autre quand ils cesseront de s'aymer, est bien moins pour vouloir estre avertis quand on ne les aymera plus que pour estre mieux assurez qu'on les ayme lors que l'on ne dit point le contraire.

## CCCV.

Les femmes croyent souvent aymer, quoy

qu'elles n'ayment pas. L'ocupation d'une intrigue, l'émotion d'esprit que donne la galanterie, la pante naturelle au plaisir d'estre aymées, et la peine de refuser, leur persuade qu'elles ont de la passion lors qu'elles n'ont tout au plus que de la coquetterie.

## CCCVI.

La plus juste comparaison qu'on puisse faire de l'amour, c'est celle de la fiévre. Nous n'avons non plus de pouvoir sur l'un que sur l'autre, soit pour sa violence ou pour sa durée.

## CCCVII.

Ce qui fait que l'on est souvent mécontent de ceux qui negotient est qu'ils abandonnent quasi toûjours l'interest de leurs amis pour l'interest du fonds de la negotiation, qui devient le leur par la gloire d'avoir reüssi à ce qu'ils avoient entrepris.

## CCCVIII.

Le plus souvent, quand nous exagerons la ten-

dresse que nos amis ont pour nous, c'est moins
par reconnoissance que par un desir habile de
faire juger de nostre merite.


## CCCIX.


L'aprobation que l'on donne à ceux qui entrent
dans le Monde est bien souvent une envie se-
crete que l'on a contre ceux qui y sont établis.


## CCCX.


La plus grande habileté des moins habiles est
de se sçavoir soûmetre à la bonne conduite d'autruy.


## CCCXI.


Il y a des faussetez déguisées qui representent
si bien la verité que ce seroit mal juger que de
ne s'y pas laisser tromper.

## CCCXII.

Il n'y a quelquefois pas moins d'habileté à sçavoir profiter d'un bon conseil qu'on nous donne
qu'à se bien conseiller soy mesme.

## CCCXIII.

Il y a de méchans hommes qui seroient moins
dangereux s'ils n'avoient aucune bonté.

APRES avoir parlé de la fausseté des vertus, il est raisonnable de dire quelque chose de la fausseté du mépris de la mort : j'entens parler de ce mépris de la mort, que les Payens se vantent de tirer de leurs propres forces, et sans l'esperance d'une meilleure vie. Il y a difference entre souffrir la mort constamment et la mépriser. Le premier sentiment est assez ordinaire, mais je croy que l'autre n'est jamais sincere. On a écrit neantmoins tout ce qui peut le plus persuader que la mort n'est point un mal; et les plus foibles hommes aussi bien que les Heros ont donné mille celebres exemples pour establir cette opinion. Cependant je doute que personne de bon sens en ait jamais esté veritablement persuadé, et toute la peine qu'on se donne pour en venir à bout fait assez paroître que cette entreprise n'est pas aisée. On a mille sujets de mépriser la vie, mais on n'en peut avoir de mépriser la mort. Ceux mesme qui se la donnent volontairement ne la content pas pour si peu de chose, et ils la rejettent et s'en étonnent, comme les autres, lors qu'elle vient à eux par une autre voye que celle qu'ils ont choisie. L'inegalité que l'on remarque dans le courage d'un nombre infini de vaillans hommes vient de ce que la mort se découvre à leur imagination et y paroist plus presente en un temps qu'en un autre : et ainsi il arrive qu'apres avoir méprisé ce qu'ils ne connoissent pas, ils craignent enfin ce qu'ils connoissent. Il faut éviter de la voir avec toutes ses circonstances, si on ne veut pas croire qu'elle soit le plus grand de tous les maux. Les plus habilles et les plus braves sont ceux qui prennent de plus honnestes pretextes pour s'empescher de la considerer; mais tout homme qui la sçait voir telle qu'elle est trouve que la cessation d'estre comprend tout ce qu'il y a d'épouvantable. La necessité inévitable de mourir fait toute la constance des Philosophes. Ils croyent qu'il faut aller de bonne grace où l'on ne se peut empescher d'aller, et, ne pouvant éterniser leur vie, il n'y a rien qu'ils ne fassent pour éterniser leur gloire, et pour sauver ainsi du nauffrage ce qui en peut estre garanty. Contentons nous, pour faire bonne mine, de ne nous pas dire à nous mesmes tout ce que nous en pensons, et esperons plus de nostre temperament que des foibles raisonnemens à l'abry desquels nous croyons pouvoir approcher de la mort avec indiference. La gloire de mourir avec fermeté, la satisfaction d'estre regreté de ses amis et de laisser une belle reputation, l'esperance de ne plus souffrir de douleurs et d'estre à couvert des autres miseres de la vie et des caprices de la fortune, sont des remedes qu'on ne doit pas rejetter. Mais on ne doit pas croire aussi qu'ils soient infaillibles. Ils font pour nous asseurer ce qu'une simple hayë fait souvent à la guerre pour couvrir ceux qui doivent approcher d'un lieu d'où l'on tire ; quand on en est éloigné, on croit qu'elle peut estre d'un grand secours, mais quand on en est proche, on voit que tout la peut percer. Nous nous flatons de croire que la mort nous paroisse de prés ce que nous en avons jugé de loin, et que nos sentimens, qui ne sont que foiblesse, que variété et que confusion, soient d'une trempe assez forte pour ne point souffrir d'alteration par la plus rude de toutes les épreuves. C'est mal connoistre les effets de l'amour propre que de croire qu'il puisse nous ayder à conter pour rien ce qui le doit necessairement détruire, et la raison, dans laquelle on croit trouver tant de ressources, n'est que trop foible en cette rencontre pour nous persuader ce que nous voulons. C'est elle qui nous trahit le plus souvent, et, au lieu de nous inspirer le mépris de la mort, elle sert à nous découvrir ce qu'elle a d'affreux et de terrible : tout ce qu'elle peut faire pour nous est de nous conseiller d'en détourner les yeux et de les arrester sur d'autres objets. Caton et Brutus en choisissent d'illustres et d'éclatans; un Laquais se contenta derniere-ment de danser les tricotets sur l'échafaut où il devoit estre roüé. Ainsi, bien que les motifs soient diferens, ils produisent souvent les mesmes effets. De sorte qu'il est vray de dire que, quelque dis-proportion qu'il y ait entre les grands hommes et les gens du commun, les uns et les autres ont mille fois receu la mort d'un même visage. Mais ça toûjours esté avec cette difference, que c'est l'amour de la gloire qui oste aux grands hommes la veuë de la mort dans le mespris qu'ils font paroistre quelquefois pour elle, et, dans les gens du commun, ce n'est qu'un efet de leur peu de lu-miere, qui, les empeschant de connoistre toute la grandeur de leur mal, leur laisse la liberté de songer à autre chose.

# TABLE DES MATIERES[1]

contenuës en ce Livre

PAR ORDRE ALPHABETIQUE

---

Le chifre marque les Maximes.

---

## A

1. Nous avons remanié cette table, très-inexacte dans les textes de
166 .

1. Les textes de 1665 portent : « Sur la Confidance » ; mais la Maxime 255, à laquelle ils renvoient, traite de la « Confiance des Grands ».

# E

# F

# G

# H

# I

# J

# L

# M

# N

## S

## T

## V

## *EXTRAICT DU PRIVILEGE*
### *du Roy*

Par Grace et Privilege du Roy, donné à Paris le 14. jour de Janvier 1664, signé par le Roy en son Conseil Berthault, il est permis à Claude Barbin, Marchand Libraire de nostre bonne Ville de Paris, d'imprimer ou faire imprimer un Livre intitulé : *Reflexions ou Sentences et Maximes Morales*, en tels volumes ou caracteres que bon luy semblera, durant le temps et espace de sept années, à compter du jour qu'il sera achevé d'imprimer. Et cependant deffences sont faites à tous Imprimeurs, Libraires et autres personnes, d'imprimer ou contrefaire ledit Livre, à peine de trois mil livres d'amende, confiscation des exemplaires contrefaits, et de tous dépens, dommages et interests, ainsi qu'il est plus au long mentionné esdites Lettres.

Registré sur le Livre de la Communauté des Marchands Libraires et Imprimeurs de cette Ville de Paris le 17. jour de Janvier 1664, suivant l'Arrest de la Cour de Parlement. E. Martin, Scindic.

*Achevé d'imprimer le 27. Octobre 1664.*

Les Exemplaires ont esté fournis

# NOTES ET VARIANTES

Nous donnons le nom de « Variantes Gilbert » à toutes les variantes relevées par M. Gilbert et que nous n'avons pu découvrir dans nos recherches.

**Page 3.** — *Possible*, pour *probablement, sans doute.* — Terme usité pendant la première moitié du XVII^e siècle, et très-fréquent chez Corneille (voir les *Dict.* de MM. Godefroid et Marty-Laveaux). Vaugelas, en 1647, condamna cette expression.

**P. 10.** — *Je vous mets à la marge.* — Les passages latins ont été placés par nous au bas des pages. Ils en sont séparés par un tiret.

**P. 10.** — Ces quatre vers du Tasse se trouvent dans le chant XVI, et non XVII, de la *Jérusalem délivrée.* Voici le véritable texte du deuxième vers :

Sol naturali e gli' ornamenti e i siti.

P. 12. — *Creu.* —L'indéclinabilité du participe était une chose admise au XVIIᵉ siècle.

P. 12. — *Jovem plus non posse*, etc. — Senec., épitre LXXIII, et non LXXXIII.

P. 13. — *Socrati.* — Dans le texte de Sénèque, il y a *Mihi ipsi* au lieu de *Socrati*, car c'est Socrate lui-même qui parle.

P. 18. — *Montagne.* — S'écrivait ainsi au XVIIᵉ siècle (voir La Bruyère, éd. de 1696, p. 151). Cette citation ne se trouve pas dans les *Essais*. Toutefois, au chap. Iᵉʳ du liv. 2, on rencontre des idées analogues. (Page 252 de l'éd. in-folio de 1635.)

P. 20. — *Cét Horloge.* — Les avis étaient partagés, au XVIIᵉ siècle, sur le genre de ce substantif. Ménage, Richelet, etc., le faisaient féminin, ce qu'il est aujourd'hui. Néanmoins, dans bon nombre de provinces on dit encore : *un horloge.*

P. 20. — *A nommées*, pour *a nommé*. — Encore un accord irrégulier du participe.

P. 21. — *Le portrait du peintre.* — Selon la princesse de Guémené et selon le chevalier de Méré, La Rochefoucauld aurait pris en lui-même son impitoyable peinture du cœur humain. (Voir l'éd. de Duplessis [Jannet, 1853] et le volume de V. Cousin sur Mᵐᵉ de Sablé.)

P. 22. Cette citation est très-défigurée, nous la rétablissons :

    Uomo sono, e mi pregio

D'esser' umano; e teco, che sei uomo
O che più tosto esser dovresti, parlo
Di cosa umana; e si di costal nome
Forse ti sdegni, guarda
Che nel disumanarti
Non divinghi una fera, anzi che un dio.

P. 23. *Luy oste le masque.* — C'est le sujet de la planche qui se trouve en tête de l'édition que nous reproduisons. (Voir notre *Avertissement.*)

Maxime I, p. 28. — *Monstrueuses.* — Var. : *Monstreuses.*

*Id.*, p. 30. — *Bijeare.* — Le *Dict. de l'Acad.* (1694) écrit *Bijearre.* Ce mot se disait alors concurremment avec *Bizarre.*

*Id.*, p. 30. — *Il vit par-tout et il vit...* — Var. Gilbert : *Il vit par-tout, il vit....*

XII, p. 34. — *Industrie.* — Ce mot signifiait au XVII^e siècle : *Dextérité, adresse à faire quelque chose.*

LXXV, p. 50. *Un poëte.* Voir la 10^e satire de Juvénal.

LXXVI, p. 51. — *Importantes.* — Ecrit fautivement *Imporantes* dans tous les textes.

LXXXIV, p. 53. — *a.* — Il y a *à* dans tous les textes; ce qui est une faute bien évidente.

CV, p. 60. — *Sur tous*, pour *surtout, principalement, plus que tous.*

CIX, 61. — *Honnestes.* — Ce mot signifiait principalement, au XVII^e siècle : *Convenable à*

*la raison, bienséant à la condition, à la pro-
fession, à l'âge des personnes (Dict. de l'Ac.,
1694)*

CXI, p. 61. — *Des jolies choses.* — Var. Gilbert :
*De jolies choses.*

*Id.,* p. 62. — *Toutes achevées* (sic).

CXXVIII, p. 66. — *De finesses.* — Var. Gilbert : *De
finesse.*

CXLIX , p. 71. — L'exemplaire de la Bibliothèque
Impériale, catalogué Z, 1784, et celui de la Bibliothèque de l'Arsenal, contiennent, page 69,
après le mot *autrement*, ce membre de phrase :
« Nous élevons la gloire des uns pour abaisser par là celle des autres, et on louroit
moins Monsieur le Prince et Monsieur de
Turenne si on ne les vouloit point blâmer
tous deux. » Selon M. Gilbert, pag. 90 et 109
de son éd., trois tirages de 1665 renferment
cette curieuse phrase : nous en avons deux
sous les yeux dans lesquels, contrairement à
son assertion, elle fait défaut.

CLIX, p. 73. — *De colères.* — Ce pluriel se trouve
dans toutes les impressions de 1665.

CLXII, p. 74. — *Inestimables.* — Var. : *Estima-
bles.*

CLXXVI, p. 77. — *Un poëte italien.* — Il s'agit ici
de Guarini :

.....L'onestate
Non è che un' arte di parer' onesta.

(*Pastor fido,* acte III, scène 5.)

CCIX, p. 80. — *De mal.* — Var. Gilbert : *Du mal.*

CCXXIII, p. 89. — *Vaudevilles.* — Au XVII<sup>e</sup> siècle, on entendait par là une chanson à la mode, ou encore un simple refrain.

CCXXVIII, p. 91. — Variantes offertes par deux exemplaires de la Bibliothèque Impériale : *Entre les deux,* var. : *Entre deux.* — *Entr'-eux,* var. : *Entr'elles.* — *Qu'il y a,* var. : *Qu'il y en a.* — *Ils conviennent,* var. : *Elles conviennent.* — *Egalement,* var. : *Tousjours également.* Après ces mots : « *de plus grands* », les deux Exemplaires de la Bibliothèque Impériale contiennent ce membre de phrase : « Il « y en a encore qui sont braves à coup d'épée « qui ne peuvent souffrir les coups de mous- « quet, et d'autres qui y sont assurez qui « craignent de se battre à coup d'espée. »

*De sorte,* var. : *De sorte qu'il est visible.* — Deux textes de 1665, contenant l'un 313 et l'autre 317 maximes, et que nous avons sous les yeux, ne contiennent pas ces variantes.

CCLV, p. 101. — *Le* pour *la* très-certainement.

CCLXXII, p. 105. — Variante offerte par les deux exemplaires de la Bibliothèque Impériale et par celui de l'Arsenal :

« Il n'y a pas moins d'éloquence dans le « ton de la voix que dans le choix des pa- « roles. »

Cette variante fait d'ailleurs double emploi avec le numéro CCLXXIV.

CCLXXXV, p. 109. — Au lieu de ce texte, qui fait double emploi avec une phrase de la grande maxime sur la Mort, l'exemplaire de la Bibliothèque Impériale, Z, 1784, et celui de l'Arsenal, offrent la variante qui suit :

> « Il n'y a point de passion où l'amour de
> « soy-même règne si puissamment que dans
> « l'amour, et on est tous-jours plus disposé
> « de sacrifier tout le repos de ce qu'on aime
> « que de perdre la moindre partie du sien. »

CCLXXXXII, p. 112. — Selon M. Gilbert, l'un des textes de 1665 omet ces mots : *ou par leur préocupation*. Il omet aussi le mot *de* devant « *travaux* ».

CCC, p. 114. — Var. : *Il est plus facile...*, etc.

---

Voici les quatre maximes qui ne se trouvent pas dans le tirage de 1665, que nous reproduisons, et que nous avons raison de croire, pour cela même, le premier paru :

### CCCXIV

> « La magnanimité est assez définie par son nom.
> « On pourroit dire toutefois que c'est le bon sens
> « de l'orgueil et la voye la plus noble pour recevoir
> « des loüanges.

## CCCXV

« Il est impossible d'aimer une seconde fois ce
« qu'on a veritablement cessé d'aimer.

## CCCXVI

« Ce n'est pas la fertilité de l'esprit qui fait trou-
« ver plusieurs expedients sur une mesme affaire;
« c'est plustost le defaut de lumiere qui nous fait
« arrester à tout ce qui se presente à l'imagination,
« et qui nous empesche de discerner d'abord ce qui
« nous est propre.

## CCCXVII

« Il y a des affaires et des maladies que les remedes
« aigrissent; et on peut dire que la grande habileté
« consiste à sçavoir connoistre les temps où il est
« dangereux d'en faire.

Imprimé par *D. JOUAUST*

POUR LA COLLECTION

DU CABINET DU BIBLIOPHILE

FÉVRIER 1869